北京学学术文库
"北京学新兴交叉学科平台"资助

北京西山文化情缘

杜剑峰 李岩 张春华 ◎ 著

北方文艺出版社
·哈尔滨·

图书在版编目（CIP）数据

北京西山文化情缘 / 杜剑峰 , 李岩 , 张春华著 .

哈尔滨 : 北方文艺出版社 , 2024. 8. -- ISBN 978-7

-5317-6386-4

Ⅰ . G127.1

中国国家版本馆 CIP 数据核字第 20245XX349 号

北京西山文化情缘

BEIJING XISHAN WENHUA QINGYUAN

作　　者 / 杜剑峰 李岩 张春华

责任编辑 / 富翔强　　　　　　　　　　封面设计 / 梁　洁

出版发行 / 北方文艺出版社　　　　　　邮　　编 / 150008

发行电话 / （0451）86825533　　　　经　　销 / 新华书店

地　　址 / 哈尔滨市南岗区宣庆小区 1 号楼　网　　址 / www.bfwy.com

印　　刷 / 三河市中晟雅豪印务有限公司　开　　本 / 787×1092 1 / 16

字　　数 / 140 千　　　　　　　　　　印　　张 / 8.25

版　　次 / 2024 年 8 月第 1 版　　　　印　　次 / 2024 年 8 月第 1 次印刷

书　　号 / ISBN 978-7-5317-6386-4　　定　　价 / 59.80 元

前　言

1. 北京西山人文荟萃

北京西山素有大小之说。如果说"大西山"为京都宝地，那么"小西山"则是镶嵌在宝地上的一颗耀眼的明珠。北京西山是一部贯穿古今的史记，是北京人触摸历史、研习历史的学校，是八方游客发掘文化、欣赏艺术的胜地，是莘莘学子丰富知识、提高素养的课堂。北京作为文化古都、首善之区，其王者之气自西山一脉绵延开来，这里有丰富的旅游资源、良好的自然环境，更有深厚的文化内涵。其帝王行宫、皇家园林、自然风光、宗教寺庙、名人古迹、乡村民俗，无不具有厚重的历史、深邃的文化和优美的自然。北京西山是北京历史文明的起源地，是儒释道三教同尊之地，是文人骚客吟咏不尽的佳绝，也是中外文化荟萃交流之所在，饱含人文精华，独具自然魅力，令人心驰神往、流连忘返。

北京西山这一被誉为"神京右臂"的壮丽山脉，静静地环抱着整个北京城。在西山的怀抱中，北京城像一颗璀璨的明珠被精心地呵护着。北京西山地处太行山支脉，不仅有着红叶青山、山溪清泉，而且分布着众多的历史文化建筑和遗迹，是北京这座古老的历史名城文化资源的重要组成部分。北京西山的文化记忆是纷繁复杂的，是悠久绵长的，是深邃厚重的。作为北京建城基础的西山，它不仅养育着北京城，而且时时荡漾着北京人内心深处的某种情怀。究竟有多少文化名人获得过西山的精神食粮、得到过西山的身心庇护、获得过西山的灵感触动，实在是不计其数、难以统计，我们在这里选择不同历史时期、不同时代背景的具有代表性的中外文化名人，探寻他们与北京西山的关系，从中钩沉和串联出关乎西山的文化记忆，从而进一步探究和解决文化自觉、文化自信、文化认同的问题，这是优秀传统文化尤其是北京文化传承与传播的前提，是中外文化交流、中华文化国际传播的条件，也是坚持和强化首都城市战略定位、传承北京历史文脉的现实需要。

2. 法国文化不解之缘

法国文化与西山的缘分，早在17、18世纪法国传教士张诚与白晋等人在畅春园向康熙讲授西方科学知识；法国传教士、建筑学家蒋友仁等人在圆明园设计大水法时就已经有详尽的记录。他们同其他来到中国的法国人一样，以专著或者书信的形式，向中国介绍和传播法国文化。20世纪上半叶，一批法国学者与中国学者携手在西山地区为中国教育与学术的现代化，做了大量开创性的工作。比如贝熙叶与铎尔孟等人在西山参与创办中法大学，德日进等学者在发掘西山深处的周口店北京人遗址中发挥了关键性的作用。

在中国的近代历史上，北京西山一带在中法民间交流中写下过重要一笔。在中国近现代史上，距北京天安门以西约50千米的海淀西山，聚集过一批法国精英和"民国"时期的知识分子。他们在海淀西山进行一系列的教育活动和社会改造运动，其中，中法大学及其附属机构是西山中法交流史迹的重要内容，贝熙叶、铎尔孟等人都曾在此执教，并努力改变当时落后的中国。中法文化交流事业在此蓬勃发展，由此形成了中法文化交流圈，形成了包括贝家花园、温泉中学、圣琼·佩斯故居在内的众多的交流史迹群。目前在北京西山地区大约60平方千米的范围内，有中法文化交流史迹群相关的历史资源22处，其中包括王府井地区的4处。随着中法友好交流史迹群的不断挖掘，这些史迹群还在不断被发现。

在中法文化交流史迹群的发掘、保护工作中，坚持史料与史迹结合、保护与发展结合的方法，注重史迹的真实性与发展的持续性。在史料研究中，通过考证考察，结合权威论证，北京市海淀区编撰了《中法文化交流史迹资料整理汇编》《中法文化交流文集》《温泉中学往事》《私立中法大学始末记》《法兰西影响的中国革命者》《老明信片讲述赴法勤工俭学》《从小南园到温泉：百年前的西山开发》等近30份史料成果，对西山中法文化交流故事的介绍与传播起到了积极作用。

60年前，中法两国建立外交关系，开启了中法关系新的历程。60年来，中法关系发展为国与国之间交往树立了典范。近些年来，中法政治、经济、人文和国际事务等领域合作成果丰富。双方举办了800多场富有新意、精彩纷呈的建交纪念活动，加深了两国人民的相互了解和友谊，夯实了中法友好关系的民意基础。

目前，北京市海淀区充分利用中国公共外交协会、中国对外友好交流协会等机构的资源优势，借助北京社科院、北京档案馆、北京外国语大学、北京大学、外交学院等高校及科研机构的专业优势，鼓励社会机构广泛深度参与，合力打造北京西山中法文化交流基地。

2023年深秋，在北京西山森林音乐谷开幕的中法文化论坛上，海淀区正式发布了西山中法文化小道。西山中法文化小道，全程共设6个打卡点位：西山森林音乐谷、圣琼·佩斯故居、中法友谊亭、鹫峰公园秀峰寺广场、敬德书院和贝家花园，全长9公里，步行3.5小时，是一条很适合文化爱好者的徒步路线。沿着这条文化小道一路探寻，我们可以了解到，在音乐谷以西900米处，曾经居住过一位传奇的法国外交官，他就是诗人圣琼·佩斯，他跋涉千里，穿越雪原和戈壁，深入东方文化，汲取灵感，在西山写下长诗《阿纳巴斯》（远征），这首在西山脚下创作完成的长诗使其荣获1960年诺贝尔文学奖；站在圣琼·佩斯故居门前，可以清晰地望见不远处山岗上的欧式景观亭，沿着一条水泥方砖铺成的台阶路往山岗上走，路口一块褐色石头上刻有"中法友谊亭"五个大字；位于鹫峰山下的秀峰古刹，记录着当年圣琼·佩斯、贝熙业等法国友人经常观览的足迹；在丁香院基础上修复起来的敬德书院，是一套传统中式建筑院落，20世纪20、30年代，中国留法勤工俭学运动的发起人和推动者李石曾在此成立了中法大学附中；位于北安河村东南几里许，阳台山北麓鹫峰脚下，从东向西形成梯田状，有一层层高台地。这里林木苍翠，奇石林立，山泉淙淙，景色秀丽。法国籍医生贝大夫与闵家签订了99年的租期，修建了这座中西合璧的山庄，人称"贝家花园"，在这座花园里曾经上演了一幕幕令人唏嘘不已的历史传奇。西山中法文化小道历史上曾是中法文化的交汇之地，曾产生过优秀的人类文化成果。今天的人们不断地重走这条小道，一方面是发掘文化遗产，另一方面是开展文化研究和文化传播，在有效促进西山中法文化交流史迹群保护利用的同时，留住历史文脉，保存文化记忆。

3. 燕京大学的传说

1919 年夏天，一位体貌清瘦、近乎秃顶、浓眉大眼的美国传教士，或步行，或骑毛驴，或骑自行车，频繁出现在北京城郊，把北京周边都转遍了。每到一地，他时而用仪器观测，时而徘徊思索。最终，他选择了清华学校（清华大学前身）对面那片地，那地方距离北京城差不多8千米。几年后，一所环境优美的现代大学——燕京大学在这里拔地而起……1998 年，美国总统克林顿在北京大学演讲时提到，"北京大学这个校园，过去是美国传教士创建的燕京大学的所在地……"这个传教士叫司徒雷登，他是燕京大学的创始人和主要领导者，被尊为"燕京大学之父"。

1876 年 6 月，司徒雷登生于中国杭州，父母均为美国在华传教士，然而司徒雷登在内心深处早已把自己当成中国人，他称自己"是一个中国人更甚于是一个美国人"。这位给自己起了个中国姓的老人家晚年常常望着中国的方向，身在美国心却盼着回中国。在他心底，仍执拗地以中国为家。他精心保存着所有跟中国有关的东西，就连卧室墙壁上也挂着燕京大学的照片。司徒雷登把自己一生的事业和心血都献给了这个国家，他的父母、妻子、弟弟也葬在中国，中国是他魂牵梦绕的故乡，他怎能割舍对中国的留恋？ 1962 年 9 月，司徒雷登在华盛顿一家教会医院去世，享年 86 岁。他的葬礼是在中国民族乐曲《阳关三叠》中结束的。2008 年 11 月 17 日，司徒雷登的骨灰安葬于杭州半山安贤园，墓碑上写着："司徒雷登，1876—1962，燕京大学首任校长。"

燕京大学是国际化的大学，除了众多中国学者，更有相当多的国际学者执教于此，国家涵盖美、英、法、德、日、意、瑞士等。而其中中国人民的美国朋友、美国记者埃德加·斯诺曾兼职燕大新闻系讲师，最终长眠于未名湖畔；帮助中国抗战的英国贵族学者和"洋八路"林迈可曾经任教于燕大，帮助燕大仿效牛津大学推行导师制；还有中国人民的美国朋友、爱国学生的良师益友夏仁德教授；投身中国人民抗日运动、为中国培养人才的美国物理学家班威廉教授；投身"工合"运动的剑桥学者、英国教授赖朴吾等。这些国际学者不仅成为燕京大学的外籍教师，同时也在反法西斯战争中以各自的方式参加了中国抗战。

在北京城市文化开发中，西山文化的开发具有特殊的地位和意义。西山文化是北京城市文化重要的组成部分，它所涉及的中国历史尤其是中国近现代史上诸多的中外历史名人和事件，对于西山的历史文化传承具有抢救性的意义。习近平总书记在北京考察工作时明确提出"历史文化是城市的灵魂"，指出"北京历史文化是中华文明源远流长的伟大见证"，强调"丰富的历史文化遗产是一张金名片，传承保护好这份宝贵的历史文化遗产是作为首都的职责"。中国共产党北京市第十三次代表大会报告以及 2023 年北京市政府工作报告中提到，扎实推进全国文化中心建设，增强大国首都文化软实力，统筹推进大运河、长城、西山永定河三条文化带建设，创建"三山五园"国家文物保护利用示范区。积极拓宽保护视野，充分挖掘文化内涵，全面保护、传承、利用好各类历史文化资源。彰显城市文化特征，提升城市文化品位。扩大国际文化交流合作，推动文化走出去，传播中华文化，展示大国首都形象。为此，我们在人文荟萃的北京西山文化中尤其是中外文化交流中选取几个点，以期"拾撷西山中外交流珍贵历史拼图，汇聚北京文化中心清晰文化图景。"

杜剑峰 李岩
2024 年初春

目　录

第一章　贝家花园：中法朋友圈的传奇故事

一、贝家花园：法国名医贝熙叶的中国情缘 ………………… 2

二、圣琼·佩斯遗址：诗人外交官道观中写出诺奖诗作 …… 27

三、双梦奇缘：把灵魂深藏于汉语的学者、诗人铎尔孟 ……… 39

四、行医考古：在中国找到异国情调的法国谢阁兰诗人医生 …… 54

第二章　北京西山中法缘：勤以做工　俭以求学

一、中法大学：西山孕育的中法大学 ……………………… 68

二、李石曾：中法文化交流的先驱 ………………………… 80

三、西山桃花源：中国最早的乡村试验基地 ……………… 85

第三章　燕京大学：中西文化交流中的结晶

一、文化边缘行走：司徒雷登与燕京大学 ……………… 89

二、世界一流大学：大师云集、精英频出的办学成就 ………… 101

三、未名湖畔长眠："中国人民的美国朋友埃德加·斯诺之墓" 106

四、反法西斯战争：参加中国抗战的燕大外籍教师………… 109

参考文献……………………………………………… **115**

后　记…………………………………………………… **119**

第一章　贝家花园：
中法朋友圈的传奇故事

在北京西山的贝家花园隐藏着一段被淹没了半个多世纪的前尘往事。法国医生贝熙叶常常在贝家花园里举办各种沙龙，法国外交官、获得过诺贝尔文学奖的诗人圣琼·佩斯、法国汉学家、《红楼梦》法译本审校者铎尔孟、一生热爱中国皇帝的法国作家谢阁兰等都曾是贝家花园的座上宾。在推杯换盏、高谈阔论、海阔天空之间，中法大学创建、勤工俭学运动兴起。这里还隐藏着一段忘年之恋，1952 年，年近 80 岁的贝熙叶与 20 多岁的中国画家吴似丹结婚。两年后他们离开了中国，花园从此荒芜。

一、贝家花园：法国名医贝熙叶的中国情缘

贝熙叶，一位法国克鲁兹省普通教师的儿子，奥维涅山庄是贝熙叶的出生地，也是他去世之地。奥维涅山庄地处法国一个偏僻的农村，三面环山，面对河流，土地贫瘠，当地农民为了谋生，翻越高山到附近的大城市去寻求生存。贝熙叶是他们中间最幸运的，他的祖父只是一个泥瓦匠，却倾全力让儿子上学，他认为只有知识才能改变命运。贝熙叶的父亲成为一名体面的小学教师，这位教师希望儿子将来继承他的事业。但生性好动、精力充沛、喜欢冒险的贝熙叶却不安于现状，他总是向往着外面更广阔的世界。贝熙叶 20 岁考入波尔多军医大学，成为医学博士，军医大学毕业后，他主动要求去塞内加尔担任军医官，成为随军医生，1898 年，26 岁的贝熙叶开始了征服世界之旅。作为法国军队的随军医生，同时也作为一位法国的冒险家，贝熙叶很早就为了他的职业和爱好而不停地行走，他的足迹遍及亚洲的波斯、印度半岛、阿富汗、越南等，遭遇过恐怖的非洲瘟疫，后来又来到了中国。1913 年，当 41 岁的贝熙叶登陆中国时，他自己无论如何也没有想到自此会在这座曾经的东方帝都生活 40 多年。贝熙叶晚年时想扎根在中国的土地上，终老在北京，但未能如愿，只得遗憾地回到法国老家。由于他阔别家乡时间已久，很多人对他一无所知，甚至不知道在此之前，他已与一位年轻的中国妻子组建了新的家庭。贝熙叶热爱中国人民，他说："我把中国当成第二祖国，把中国人当成我的人民。我认为自己配得上作为这个国家的客人。在这里有我全部的财富，最宝贵的情感……"

贝熙叶所治疗的病人上至民国总统，下至普通百姓，从他们身上他看到了忠于传统价值观等高贵的品质，这种品质不因阶层、身份、地位不同而有所差异，他常常津津乐道地把中国农民的优良品质和对土地的由衷热爱与他家乡克鲁兹的农民进行比较。法国名医贝熙叶的故事向我们展现出了一位敬业和慷慨的医生，坚持不懈地致力于架设中法两国人民友好桥梁的美好愿望和曲折历程。

（一）袁世凯的医疗顾问

民国初期，西医开始更多地融入北京这座古城。这段时间，一位精神饱满、身体健硕的法国人携家带口来到北京，就任法国驻华使馆医生和东交民巷法国圣米歇尔医院的院长，他就是贝熙叶。1913 年春天，贝熙叶携妻子玛丽昂和两个心爱的女儿从天津港上了岸，这个梦想中的国度终于呈现在他的眼前，从此，他在中国一住就是 40 多年。

贝熙叶决定前往中国那一年，这个古老的国度正在经历着"三千年未有之大变局"，1912 年元月，"中华民国"成立，辛亥革命推翻了中国几千年的封建君主专制制度，而当时的法国正处于第三共和国时期。当这个古老而神秘的东方国度的新政权如婴儿般蹒跚学步之时，一批法国人怀着满腔热血，远涉重洋，来到中国一试身手。在此背景下，贝熙叶也加入了他们的行列。

贝熙叶来华之前，曾就职于法国一所医学院，后来在越南西贡（今胡志明市）的一所学校工作。1913 年贝熙叶来华工作，先是被派往法国驻天津总领事馆任医官，因为他当时已是中校军衔，是领事馆中职衔最高的外交人员，领事馆为他举行了迎宾典礼，请他检阅驻津法军。贝熙叶同时在北洋海军医学堂教学。北洋海军医学堂是由李鸿章创办的、专门为清政府培养军医人才的学院，是中国自主创办的第一所西医医院。该学院聘请的教师都是外国著名医师，并按照当时西方医学院的标准来设置医学课程。贝熙叶早先就以精湛的医术闻名于驻亚非的英法军队中，因而被请入学堂从事教学显得顺理成章。

　　几个月后，一个更大的机遇降临到贝熙叶的头上。驻北京的法国公使馆的医官去世了，此人还同时兼任袁世凯大总统的医疗顾问。作为直属袁世凯北洋海军医学院教师，贝熙叶的名字也为袁世凯耳闻。于是，贝熙叶进京担任公使馆医官和圣米歇尔医院（俗称"法国医院"）院长，同时被聘为袁世凯大总统的医疗顾问。

　　1914 年 4 月，贝熙叶终于来到了北京，他惊诧于这座拥有迷人风度的古老城市。明永乐十九年（1421 年），永乐皇帝定都北京，开启了北京作为明清两代近 500 年帝都的历史。北京不仅是中国的历史文化名城，也是世界文明史上最壮丽的文化奇迹之一。北京拥有举世闻名的紫禁城、金碧辉煌的牌楼庙宇，有数以千计的胡同、风格别致的四合院，还有皇城文化孕育出的帝京臣民。就如作家林语堂所言："在北京，人生活在文化之中，却同时生活在大自然之内，城市生活集高度之舒适与园林生活之美，融合为一体，保存而未失。……既富有人文的精神，又富有崇高华严的气质与家居生活的舒适。"贝熙叶从踏上北京土地的第一天起，就不由自主地爱上了它。

　　自清咸丰年间暴发京师大疫后，北京就经常被疫情困扰，驻华使节们同样面临着被传染的威胁。自贝熙叶到达北京之后，他为法国公使馆制定了防疫规则，后推广到整个使馆区，比较有效地保证了使节们的健康安全。1915 年 10 月 25 日，北京第一所防疫医院"京师传染病医院"院长金绍城聘请贝熙叶为"名誉顾问员"，为北京新兴的防疫事业服务。聘请理由是贝熙叶先生"技精卢扁，胸罗不死之方；艺绝刀圭，手着回生之术"，"设因疑难迭生，当呼将伯以助我"。

　　贝熙叶非常擅长普通医科和外科。到京后不久，他就治好了政事堂右丞钱能训的病。当时钱能训腰部生疽，遍访京城名中医治疗无效，生命垂危，袁世凯命他的家人找贝熙叶治疗。贝熙叶在法国医院亲自为其开刀去毒，钱能训不到两个月就康复了，此事一时轰动京城。不久，他精湛的医术就被北京的上层圈子所认可，成为上层人士争相延请的西医大夫。袁世凯甚

至给贝熙叶颁发了三等文虎勋章奖状。

1916 年 6 月初，贝熙叶为病重的袁世凯诊治。一些早期出版的书籍中，对此有零星的记载。《袁氏盗国记》说："袁氏之病本起于五月廿七日，迭经中医刘竺笙、萧龙友百方诊治，均未奏效。延至六月初四日病势加剧，即请驻京法国公使馆医官博士卜西尔氏（即贝熙叶）诊视病状，乃知为尿毒症，加以神经衰弱病入膏肓，殆无转机之望。"这种说法虽然较为笼统，但大致情形与后来一些当事人的回忆录所述基本吻合。

因为有替袁世凯治病这段经历，贝熙叶在京城外国人圈子中被称为"皇帝的医生"。在普遍对西医持有怀疑态度的中国人圈子中，他也以精湛的医术赢得很大名声。他一直担任着总统府医疗顾问一职，历经黎元洪、冯国璋、徐世昌、曹锟几任。他的病人包括清朝贵族、达官贵人、社会贤达、演艺名伶，也有许多普普通通的百姓。他身处中国政治旋涡中心，虽无意插手政治，但时局的变化不时让他置身其中，在历史的记忆中留下身影。

（二）贝家沙龙

1915 年，贝熙叶在北京稳定下来之后，就买下距使馆区不远的王府井大甜水井 16 号一处四合院，这座宽阔的所在，便成为他们在北京的第一个家，也成为贝熙叶在北京第一个固定的社交场所。大甜水井胡同地处北京东城，与王府井大街相邻，距圣约瑟堂（俗称东堂）也仅几步之遥。这座四合院分东西两个跨院，西跨院是花园，里外有 20 多间房。院中栽植松柏海棠，奇花异草，修筑长藤。花园中间的五间厅堂，是贝熙叶与朋友们经常聚会的场所。每逢周三，当北京市内教堂晚祷的钟声此起彼伏地响起的时候，从东交民巷法国公使馆和附近四合院内就会走出许多身影，他们从不同的方向汇聚到贝宅，在贝家客厅度过一个难忘的夜晚。

曾任驻华大使的汉学家毛磊还原了当时在甜水井 16 号举办沙龙的场景："时近黄昏，使馆区渐渐平静下来。离法国公使馆不远处，圣米歇尔教堂响起了晚祷的钟声。卫兵们该换岗了，社交生活的往来走动即将开始。法国公使馆有个大花园，周围有好几座大房子。此时，几个人影正向花园深处驻馆医生的住所走去。医生在此居住多年，在北京的法国人圈子里是位知名人士。此公每星期都要接待一批朋友。这些人不一定都是公认的汉学研究家，但是对于中国，以及更广泛地说对于上亚洲地区，无不怀着浓厚的兴趣。他们各有主张，不囿于门派之见，也不受地域限制。""大家见面，问候寒暄，围绕着总是和蔼可亲的主人，交换近来的种种消息。主人在这种场合，当然是以良师益友自居的。人们谈论的内容，不外是这个处于危机之中的国度一周来发生的重大事件，包括京城里的尔虞我诈，以及外省的形势变化，多为宾客们旅行与活动的所见所闻。最后，还要根据《北京政治》月刊发布的消息，互相报告哪些人要走了，哪些人抵达了。"

每当这时，贝熙叶就会从一位严谨的外科大夫转变为一位艺术爱好者、旅行探险家、新闻传播者和慷慨好客的沙龙主人。贝熙叶虽然是一名医生，但经历颇为传奇，他在非洲及印度、波斯等地的探险故事在朋友圈子里广为流传。他爱好广泛，除了他的专业，他对自然、历史、考古、文学、艺术等广泛涉猎。他仁义的个性、博大的胸怀、深厚的学识、诚挚的热情，再加上宽敞的客厅、美味的食物、丰富的茶点使得贝熙叶理所当然成为沙龙的主人。他把法国的沙龙文化带到了大甜水井 16 号，除了在北京的法国人，不少外地的知名法国人也会定期赶过来参加聚会。贝宅不仅是法国人在遥远北京的温暖港湾，也是中法名流每周定期聚会、交流的场所。

贝宅的聚会延续了几十年，许多法国知名人士包括外交官员、汉学家、考古学家、探险家、诗人、社会活动家都曾参加过贝宅的聚会，如诗人、考古学家谢阁兰，汉学家、考古学家伯希和、社会学家、汉学家葛兰言，人类学家、哲学家德日进，探险家阿列桑德拉·大卫·内尔，著名法官、东方学者居斯塔夫·夏尔·图森，中国政府顾问、法国驻华使馆首席翻译安德烈·铎尔孟，诺贝尔文学奖获得者圣琼·佩斯等。这些大名鼎鼎的人物都是贝家沙龙的座上宾。

让贝熙叶深感自豪的是，贝家沙龙不仅有许多法国的知名人士，还经常接待许多中国名人，特别是那些具有赴法访问或工作经历的人。这些来

宾既深受中国文化的熏陶和浸染，又对法国充满渴望和憧憬。他们希望引进法国先进的政治理念和制度设计，帮助中国摆脱积贫积弱的局面。他们是法国人了解中国的桥梁，也是法国文化和政治理念在中国的热情传播者。

贝家沙龙"谈笑有鸿儒，往来无白丁"，沙龙谈论的话题包罗万象，包括生物学、医学、文学、历史、考古、探险、教育等，但这些并不是止于空谈。有关生物学、医学的话题，让贝熙叶引进了法国先进的医学知识和医疗设备；有关探险的话题，让贝熙叶和圣琼·佩斯、夏尔·图森等人有了一次寻访"草原丝绸之路"之旅；有关文学的话题，启发了圣琼·佩斯在西山桃峪观创作史诗《阿纳巴斯》（又译《远征》），促成铎尔孟在晚年审校法文版《红楼梦》；而有关教育的话题，直接推动了"赴法勤工俭学运动"、中法大学的创办以及西山温泉乡村实验等。

（三）贝家花园

在忙碌的工作之余，贝熙叶常常到法国医院的顶层平台散步，放松一下因紧张的手术而紧绷的神经。他举目远眺，目光越过巍峨的北京城墙，向西远望，贝熙叶能够清晰地看到连绵的西山山脉。

作为从奥维涅山走出来的人，贝熙叶对山始终有一种难以割舍的情感，来北京后听到中国朋友说"仁者爱山"，更增强了他对山的眷恋。随着对西山的不断了解，贝熙叶有了择居西山的想法。1923年，贝熙叶遭受着命运的磨难。结婚20年的发妻患癌症撒手人寰，小女儿又染上了肺病。为了给女儿养病，他想找一个空气清新、环境优美、静谧天然的住所。20世纪20年代，当时的中国人尚没有旅游的观念，周末、度假之类的词汇只属于少数人。但对于那些驻华的外交官，周末却是神圣的、丰富的，贝熙叶经常和他的朋友们在西山野游，在人迹罕至处打猎，或在古刹名寺中作诗拍照，或在断壁残垣中考古寻幽。被称为"九国教堂"的西山最大的教堂——百望山的圣母修道院，成为当时居住在北京的外国人前往西山游历中途重要的休憩中转之地。香山跑马场建成之后，很快就成为外国人定期聚会的地点。在当时，西方人的足迹遍及西山山前山后各个角落。

百望山圣母修道院

百望山圣母修道院一角

　　贝熙叶想要在西山寻找一处乡土天然、充满民俗色彩、真正中国老百姓的生活环境，经过多方寻找，他终于在离桃源观不远、靠近鹫峰的北安河牛涧沟村看中一块地方。这里吸引贝熙叶的是山势陡峭但林木葱郁的自然风光。这里酷似法国的奥维涅山区，这里的农民虽贫穷但乐天知命的性格与法国农民极其相似。贝熙叶说，我是个农民，土地已经融入我的血液，我和土地上的人有着天然的联系。在这里贝熙叶找到了自己和土地的联系，和农民的联系，因而，他与这块土地的原主人签订了一个99年的租约，并开始建造这座远离喧闹市区的住房。

贝家花园碉楼

贝熙叶亲自参与建筑蓝图的设计，邀请当时京城最好的工匠进行建造。他要把自己对中国的喜爱表现、融入建筑设计图里，他要设计出一座中西合璧的住宅。主体建筑将以中式为主，而内部装修则更多结合西洋特点。贝熙叶通过这种设计，来体现他对中国文化特别是中国建筑的尊重和喜爱，恰好与清末、民国时期北京一些上层人物的宅院中流行的洋楼风尚形成鲜明对比。贝熙叶还通过牛涧沟村的村民委员会主任，找来村中的能工巧匠参与贝宅的建设，许多村民自发组织起来，免费为其帮忙。这一方面体现出当地民风淳朴，另一方面也是村民对这座既像中国宫殿，又似西洋玩意儿的建筑充满好奇。

　　贝家花园是一组非常独特的建筑群，这座别墅于1923年冬天建成，在阳台山山麓的一片高坡谷地上，坐西向东。园内遍布苍松翠柏、白杨国槐，树高林深，遮天蔽日。沟壑内溪水涓涓，流淌不息，山路曲折蜿蜒，怪石林立。园内建筑分三组布置。第一组是一座类似于清代香山碉楼样式的石楼，第二组是5间中式厅堂和耳房以及餐厅等建筑（南大房），第三组是外中内西、中西合璧的二层楼房（北大房）和花园。各组建筑周围配植不同的树木，它们色彩搭配和谐，高低错落有致，衬托楼宇，突出贝家花园建筑特色。园内的建筑形式丰富，既有砖木混合结构的厅堂馆舍，又有纯砖石结构的碉楼、房屋，还有混凝土仿木构的阁楼和水泥结构的藤架，所有建筑外观均尽量沿用中国北方传统建筑风格和装饰元素，浑然大气，但又隐隐融合西洋建筑的精致。

贝家花园北大房夏景

　　全园布局自由，不拘一格，建筑依傍山势，随意伸展。各个建筑之间以曲折的山石小径连通，因山势较陡，道路盘折呈"之"字形，并有天然高下错落之感，不着人工痕迹。贝宅建成典礼上，村民委员会主任带领村民敲锣打鼓，吹吹打打，燃放鞭炮前来祝贺，就如同在庆贺自己的节日。贝熙叶对此十分感动，他特意换上军便服在大门口迎接众乡亲，迎接他的

左邻右舍，以示庄重。

贝熙叶一回到花园，就回归到休闲空间，一身短衣短衫，仿佛林中采药归来的老中医；雨后初晴，倚门而望；秋风乍起，庭院闲聊，山间漫游；冬日白雪飘飞，小径信步，鹤发童颜。也许，这是贝熙叶一生最美好的日子。贝宅建成之后，这里不仅成为贝熙叶在北京第二个家，也成为一个全新的私人诊所，更是一个亲近自然的社交平台。1920 年前后，随着中法大学以及温泉疗养院的创办，参与其中的贝熙叶在西山地区出现的频率越来越高。贝家花园建成后，贝家沙龙从此在北京有了大甜水井胡同和西山贝家花园两个场所。

贝熙叶爱中国、爱北京，他想终老在这里。他曾与好友铎尔孟商议规划建造一所两人合用的住宅，共同研究中国文化，生活上互相扶持照顾。他俩还在西山中法大学旁边买下一块地皮将来当作两人的墓地，死后还要守护着他们与中国朋友共同建设的成果。但是，受当时历史条件制约，他终老在中国的梦想没能实现，1954 年，贝熙叶偕年轻的中国夫人回到法国。贝熙叶离开中国后，60 多年过去了，隐没在林木中的贝家花园已经拂去历史尘埃，成为北京西山中法文化风情带的一处独特风景和核心景观。

百望山圣母修道院一角

（四）济世救民

贝家花园隐藏在林海之中，很少有人能接近它。园内的松柏苍翠如初，奇树异木粗壮高大。屋檐下的彩画经历了数十年的日晒风剥，色彩变得依稀淡薄。一座类似于清代香山碉楼样式的石楼是园内三组建筑之一，这座贝宅大门旁的碉楼原本是为防盗所建，但贝熙叶决定将其改为诊所。一楼为候诊室，二楼为诊室，三楼为药房，贝大夫就在这里为周围村民免费提供治疗。

1926年春夏之交，国民党退守南口，直奉两系军阀与国民党在北京西北方一带开战，村民纷纷逃离家园，4000多名逃难的村民，聚集在百望山下新建成的上义师范学校内。人群密集的场所，最怕传染疾病的发生，贝大夫周末从城里回贝家花园途中，都要在上义师范学校待上几个小时为难民看病，直到看完才离开。

温泉中学邻近贝家花园，他们聘请贝大夫为校医，师生有急病就找贝大夫诊治。夏天西山多雨，雨水经常会冲坏一段山路，贝熙叶的汽车经常会被阻挡在贝家花园山脚下不远的地方。1931年，温泉中学为了感谢贝大夫，师生集资在温泉村西修了一座花岗岩石桥，在石桥北侧的梯形护栏石上刻着由李石曾题写的"贝大夫桥"四个大字。贝熙叶感到非常荣幸，特地与小桥合影留念。贝家花园的碉楼是贝大夫为附近村民看病的诊所，前来贝宅做客的教育家李石曾也被贝熙叶的事迹所感动，李石曾和夫人姚同宜将一块长48厘米、宽32厘米的汉白玉石匾赠予贝大夫，上有其手书"济世之医"4个大字，石匾被镶嵌在碉楼的门额上。在4个大字旁边还有几行小字："贝熙叶先生医学精深、名满中外，乐待吾人，为之介绍。先生更热心社会，此或非人所尽知，但温泉一带，则多能道出。"《温泉颂》有云："济世之医，救民之命。虽为断章取义，适合于贝先生。民国二十五年春日刻于温泉。姚同宜、李煜瀛题赠。"

半个多世纪过去了，获得贝熙叶救治的温泉百姓，仍有人健在。北京史地民俗学会理事张文大做过大量深入细致的采访，发现那里很多老人对

贝熙叶依然印象深刻，饱含敬意。在温泉小学上过学的当地居民胡宝善就是其中一位。据胡宝善讲述，他的腿当年就是贝熙叶大夫给治好的。如今84岁的胡宝善回忆起来，那一幕依然历历在目。

1934年暑假，有一天胡宝善在温泉村东大池子游泳，激着了，回来就发高烧，肩膀和两腿无名肿。一连几天，非但不见好，反而越来越严重，看了几家中医，大夫说没办法，父亲只好决定带着他到贝家花园找找这位洋大夫给看看。到了贝家花园，父亲发现碉楼一层坐着好多人，都在等待看病。轮到胡宝善的时候，贝大夫请他们进到诊室，仔细看了看他的右腿，发现里面已经化脓，贝大夫说必须手术，把脓血放出来才能好。之后，他用一种药水在胡宝善右腿的红肿处反复擦抹，进行消毒，然后用手术刀顺着小腿切开一个两寸长的口子。顿时皮肉翻开，脓血顺着腿淌了下来，胡宝善当时疼得差点儿昏了过去。贝大夫擦去脓血，用高锰酸钾冲洗伤口，把一尺多长的纱布条一点一点地缠在刀口处，外面盖一块纱布，再套上绷带。贝大夫嘱咐患者每天要来换药。就这样一连4天，病情终于好转。当天腿部手术时间较长，贝大夫的女儿在山上喊他吃饭，他用法语冲着窗外大声喊了一句话。胡宝善的父亲胡玉树因为曾经到法国留过学，他告诉儿子说贝大夫喊的是"还得一个小时"。耽误贝大夫正点吃饭，胡氏父子内心还有些不好意思。今天看来这也不过是一个简单的病情、一台简单的手术，但是在那个缺医少药的年代，如果没有及时救治，很可能会致残甚至危及生命。胡宝善老人一边回忆着过去那一幕，一边卷起裤腿，露出右腿外侧那个留下几十年的疤痕，对贝大夫不计回报的救治念念不忘。

贝熙叶或许并不知道他所诊治过的病人的名字，但他理解农民的苦难。他说"我是个农民，土地已经进入了我的血液，我和土地上的人有着天然的联系。"事实上，贝大夫究竟治疗过多少病人？谁也无法统计。他离开中国已经60多年，治过的病人大多已去世。不过，贝家花园附近村庄里的老人几乎都知道贝大夫，不少人的亲戚或街坊也都请贝大夫看过病。所有见证者的记忆是一致的，免费治疗，连药品也是赠送。这些药品是他专门放在碉楼里给村民治病的。1954年贝熙叶在给中国领导人的信中这样写道："我的原则是不要常常提及自己的荣誉，在任何时候，无论患者的贫富，无论是外国人还是中国人，都一视同仁，尽可能治疗和开具处方，有时候甚至无偿施药。这些药品是我从战后为了那些穷苦的农民而存放于我在北安河附近的乡间别墅的。"

当时一家报纸这样报道："他一直都在为当地的民众免费看病提供药品。他像罗宾汉似的把从富人那得来的钱用在了穷人身上。他身边的朋友知道他为什么有可以接触达官贵人的机会，却还是把家建在了这个穷乡僻壤。这让他想起自己的家乡，而且更为重要的是那些质朴的农民让他想起了自己家乡的人。"

贝熙叶在中国工作和生活了41年，病人不分总统和平民，行医不分都市和乡野。他所结交的朋友亦如是，他的仁心仁术，让他的朋友无处不在。

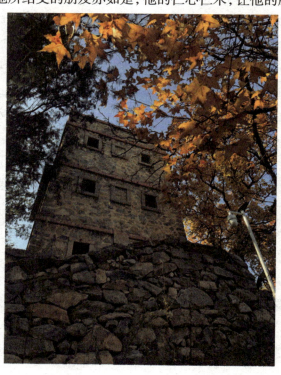

贝加花园碉楼秋景

1. "驼峰航线"

1937 年 7 月 8 日凌晨 5 时左右，宛平城的炮声打破了西山的宁静。日本侵略者悍然发动全面侵华战争，中国人民奋起迎战，抗击日寇。为中国人民伸张正义的国际友人纷纷挺身而出。其中，贝熙叶医生代表驻华外交使团医界致函中国红十字会北平分会，成立战地救护队，以支援中国人民抗日。当时的红十字会北平分会对此表示欢迎。

7 月 27 日至 28 日，中日激战，二十九军副军长、南苑战地指挥官佟麟阁和一三二师师长赵登禹不幸殉国。7 月 29 日，日军占领北平。7 月 30 日，贝熙叶陪同使馆武官来到宛平县城，用相机记录下被日军炮弹炸得满目疮痍的宛平城楼，把需要救治的伤员送到城里的法国医院进行救治。中日开战之后，法国医院收治了不少的第二十九军伤病员，在日军进城之后，贝大夫想方设法把治好的伤员安全送出城区。

此后身处沦陷区的贝熙叶仍然秘密相助中国人民的抗日事业。他在大甜水井胡同 16 号和贝家花园这两处住所成为抗战期间平西抗日根据地地下交通线的两个重要据点。多年的中国生活使贝熙叶将自己视为历尽磨难的中国人的一分子，他对中国的前途没有失去信心。七七事变后不久的黑山扈战役让贝熙叶更加坚定了信心。1937 年 9 月 8 日，国民抗日军在西山发动黑山扈战役，与日军正面交锋。激战中，一架日军战机被游击队用机枪击落。这一消息传遍中国大地，甚至传到了欧洲。10 月初，日军合围"扫荡"峰山，国民抗日军与日寇一个旅团的兵力、10 余辆坦克和 10 余架飞机周旋，日军伤亡惨重，国民抗日军安全突围，队伍迅速发展到 1500 人。在这次交战中，中法大学温泉中学、第三实验林场以及贝家花园都遭到破坏。虽然贝家花园建筑无损，但室内家具遭到损毁，贝熙叶的葡萄酒窖藏也损失一空，但贝熙叶并没有以此为忤，而是从中看到了中国人民抗日的希望。

那个时期，日军在温泉设立了"大日本军温泉警备队"，还修了城墙，并在通往北平的路上设了重重哨卡。中法大学被迫南迁昆明，温泉地区的许多名流别墅也人去楼空。由李煜瀛等人启动的"温泉农村现代化建设"也陷入停滞，连刚开通不久的公共汽车线路也不得不停止运营。那段时间的紧张局面，从隐居在青龙桥的京剧名伶程砚秋日记中可窥见一斑："至锡之伯处，与吉人弟谈及路警拦路截各种食物等，穷凶极恶，自海淀至青龙桥上须经过两关，以上之事均目睹。"在这种艰难的形势下，平西人民顽强地通过各种方式与日本侵略者作斗争。在国民党正面战场节节失利时，共产党领导的敌后抗日根据地却在不断发展，在北平，抗日根据地已经扩展到西山地区。平西妙峰山是抗日根据地的重要据点，游击队指挥部就设在距贝家花园不远处。在温泉地区，根据地领导的地下活动也在频繁展开。但是，抗日根据地物资紧张，尤其是药品奇缺。日军对抗日根据地实行严密封锁，对药品控制很严，尤其是西药，严禁西药流入根据地，违者死罪，而且市面上也很难买到西药。

1937年秋天的一个黄昏，贝熙叶刚从法国医院回到大甜水井16号家中，突然有人敲门。贝大夫开门一看，来人是新街口福音堂的黄长老，在百花深处胡同开了一家古玩铺，铺号明华斋，贝大夫常去淘一些中国古玩。一番寒暄之后，黄长老提出想请贝大夫帮个忙，"山那边"的中国游击队在抵抗日军侵略，缺少药品，需要援助。贝熙叶稍作思考，就给黄长老讲述了他的送药计划。

黄长老全名黄浩，其教名为"宠锡"，他不但是新街口福音堂的长老，还是米市大街中华基督教会青年会董事长，崇慈小学校长，崇实小学、崇慈女中、崇实男中董事。而他的另一个身份是八路军冀中军区"平津特派人员主任"，是一名中共北平地下党情报人员。黄浩很早就与贝熙叶相识，也深知贝熙叶的脾气秉性，认定他一定会为中国人民的抗战尽自己的一份力。而且贝熙叶是北平受人尊敬的名医，又是法国使馆的医生，享有外交特权。日本和法国不是交战国，日本人对他也奈何不得，不会严格搜查，即便药品被日本兵搜出，贝熙叶是大夫，运输药品到西山自己的花园也合情合理，如果药品被日本兵发现，贝大夫有理由抗争，并且他从1920年

起就拥有一辆自己的别克轿车。

周六下午，像往常一样，贝熙叶的司机梅筱山驾驶别克汽车从大甜水井 16 号出发，经过西直门岗楼时，值守日军见是法国医院院长贝熙叶大夫的车，立即放行。夕阳西下，汽车穿过海淀镇、贝大夫桥，奔往温泉镇，这里又有一座日军岗楼。看到熟悉的别克汽车，日本宪兵明白是贝大夫回来了，照例是顺利放行。那时还是煤渣路，车过处烟尘滚滚。回到花园，车停好，贝大夫吩咐司机从后备厢里搬出一箱药品，放进碉楼。天色渐晚，贝熙叶点燃蜡烛。那时，通往贝家花园的电线都已被剪断，电线铜丝被日军拿去用来制造炮弹。夜里 9 时许，管家进来说，一位年轻人求见。贝大夫明白这人是黄长老派来的。他按照约定问话，直到暗号全部对上，他才将这箱药品交给年轻人。接到药品之后，地下交通员套上驴车，翻山越岭把药品运到了平西游击队。几天之后，这些连上海、香港都比较少见的德国拜尔生产的贵重药品和医疗器材摆在了战地医院的药架上，接收这些药品的正是白求恩大夫，白求恩大夫感到十分吃惊，随即竖起大拇指，连声称赞："真了不起！真了不起！"

这一紧张时期，在北平的法国人虽然生活得稍微好一点，但汽油成为战略物资，贝熙叶的汽车就没法开了。为了保住通往根据地的生命线，贝熙叶开始骑自行车运送药品。在西山夜色初上的星空下，人们常常能看到一位白胡子外国老头骑着自行车，颠簸在从北平到贝家花园之间的数十里土地上。这位老人就是已经 70 岁的贝熙叶先生，他以在华法语联盟和法国红十字会代表的特殊身份，把药物从城里的医院送往贝家花园的碉楼诊所。事实上，除了温泉一带的百姓用药，他所运送的大部分药品都通过地下交通线，经由门头沟输送到平西根据地、晋察冀边区，输送到战地医生手中。贝熙叶甚至不顾危险，亲赴根据地为中国军民疗伤。

1941 年 12 月，日本偷袭美国海军基地。贝熙叶意识到战争局面即将发生变化，急忙去法国大使馆研究局势，却没料到，他出门的时候，一个英国人正赶往贝家花园。燕京大学英籍教授林迈可驾驶着燕京大学校长司徒雷登的小汽车，从燕京大学东门冲了出来，车里坐着林迈可的新婚妻子李效黎和燕京大学物理系主任英籍教授班·威廉和夫人克兰尔。他们把司徒雷登的汽车扔在黑龙潭，雇用3位农夫挑着行李去了贝家花园。林迈可并不认识贝熙叶，但他竟敢去贝家花园，可见贝熙叶在驻京外国人眼中是十分正义、忠诚可靠的。另外一个原因是林迈可知道贝熙叶曾为中国抗日游击队的士兵治过伤，他认为找到贝大夫就能找到游击队。不巧，贝大夫恰好没在贝家花园，管家王月川按照待客礼节招待了午饭。林迈可夫妇和班·威廉夫妇得到贝家花园管家的帮助，成功地去往平西抗日根据地，进而到达晋察冀，后来辗转到了延安，做了八路军无线电顾问。林迈可夫妇、班·威廉夫妇在革命根据地为八路军培养了一批无线电技术员，建立了延安对外英语广播电台。当年的学员，后来成为我国通信、邮电方面的专家、国家高级干部。林迈可夫妇、班·威廉夫妇为中国人民的抗日战争做出重要贡献。

1943年8月5日，中共北平地下党的一部电台被敌人破获，黄浩暴露了。7日拂晓，日本宪兵队的两辆大卡车突然停在簸箩仓6号黄浩家门口。黄浩听到急促的脚步声和摇晃的铁门声，知道事情不妙。他急忙从卧室出来，跑到东跨院，登上房顶，翻墙逃出城外。为躲避日本宪兵的追捕，他从城里辗转到了贝家花园，在贝大夫的帮助下奔赴了延安抗日根据地。除了黄浩，还有不少爱国青年学生，从北平到贝家花园，翻越妙峰山，奔赴平西抗日根据地。贝熙叶在一封信中写道："当中国抵抗外国的侵略，我们共同敌人的侵略，这时，我冒着生命危险，穿过日军的检查站，提供药品，治疗共产党战士，给他们做手术，并把他们藏在乡间的房子里。我冒着最大的危险，把城里的情报人员转移出去。我所做的是一位中国爱国者的行为。"贝熙叶相册里珍藏着一张他和八路军战士站在一起的照片，背面是他的题字：1939，八路，北安河。

2. 爱情之花

一个是年近八旬的法国老人，一个是青春芳华的中国大家闺秀，他们

于中华人民共和国刚刚成立时结合，后来，贝熙叶带着妻子回到法国。老人去世后，年轻的妻子在异国他乡独自把孩子拉扯成人，子承父业。2013年，这位妻子悄然离世。他是贝熙叶，她叫吴似丹。

抗战胜利后，远离北平和留守北平的老友们得以重新相聚，历经劫难的人们对未来充满渴望，贝家沙龙重新热闹了起来。此时的贝熙叶已经73岁，已过了孔子所说"从心所欲而不逾矩"的年龄。他的确像一位中国的智者，在甜水井16号的庭院和胡同里，这个法国老人身穿着中式对襟麻布夏衫，下穿短裤，手持圆芭蕉扇，与和蔼可亲的中国老人无异。而他最热衷研究的，是中国道家与西方基督教的相似性。在这平静的外表下，贝熙叶的感情世界却如同一枝久经沧桑的枯木，受到春风的感染，绽放出爱情的新芽。闯入贝熙叶生活的是一位年轻的中国画家，她的名字叫吴似丹。

吴似丹1924年出生在北京世家。父亲吴明远是吴鼎昌的三弟，父亲和伯父早年留学日本，伯父曾任贵州省政府主席。受吴鼎昌提携，吴明远也投身金融界，成为中法实业银行总经理，而铎尔孟、贝熙叶都是该银行董事，因此三人很早就十分熟悉。

吴似丹在吴明远二婚所生8个子女中排行第四，自幼体弱多病，少女时期，又得了肺病，就像《红楼梦》中的林黛玉一样弱不禁风，整天与药罐为伴。当兄弟姐妹们高高兴兴地坐着父亲的汽车出门玩耍时，她只得乖乖地待在家里，因为根据中医医嘱，她必须静养。眼看着中医对女儿的病束手无策，吴明远请来了贝熙叶，贝熙叶仔细检查了吴似丹的身体后，对她父亲说："你女儿没什么病，她不应该终日在家静养。相反，她应该多参加一些户外活动，多走走，多运动，最好能到山里呼吸呼吸新鲜空气。"在贝熙叶的邀请下，吴似丹经常在兄弟姐妹们陪伴下，到西山的贝家花园休养，并在附近作画写生。渐渐地，她的病消失了，面色红润起来，出落成一个亭亭玉立的少女。

吴似丹酷爱书画，于1939年9月作为特别生考入辅仁大学美术系，师从溥忻（字雪斋）和溥佺（字松窗、雪溪）。溥忻和溥佺是亲兄弟，清朝皇族。两人书画名冠一时，溥忻能诗善赋，长于书画，山水、花鸟、人物、鞍马均具风采，兼善画兰，风神飘逸，被称为一绝。他还擅长古琴，曾任辅仁大学美术系主任。溥佺画作题材广泛，尤其擅长画马、兰竹、花鸟、山水等，23岁即被聘为辅仁大学美术系讲师。他们俩发起成立的"松风画会"汇集了当时北方最著名的书画家。吴似丹的同学好友，个个冰雪聪明，她们在大师的精心调教下都有不俗的表现。吴似丹不仅在绘画上进步神速，而且酷爱古琴，所以深为溥忻所喜欢。吴似丹还酷爱戏曲，1940年辅仁大学女院成立昆曲社，她立即报名参加。当年，昆曲社公演了《牡丹亭》中的《惊梦》，贝熙叶和好友铎尔孟也被邀请观看。为了助兴，贝熙叶和铎尔孟还出面请戏曲名人韩世昌进行艺术指导。

吴似丹饰演的春香，是一位活泼可爱的丫鬟。吴似丹的表演很到位，手、眼、身、歌，配合得很完美，这与生活中文静端庄的吴似丹判若两人。贝熙叶惊呆了，这真是个让人难以捉摸的女孩。这夜，当他们重温《牡丹亭》，从中得到"力"的启示，体会到一切成功的要素都源于自身的坚持和内心深处的爱。

1942年，吴似丹从辅仁大学美术系毕业。毕业离校前，同学们纷纷在毕业纪念册上相互留画赠诗留念，恩师溥忻、溥佺、陈督缘、启功等也都留下墨宝，但吴似丹却把纪念册扉页留给了贝熙叶。贝熙叶用法文给吴似丹写了一首诗："妙笔胜轻燕，幻化峰林泉，鸽饮幽竹畔，隐此实我愿。"

毕业后的吴似丹在北平举办过几次画展，她经常去西山写生采风，也时常出入贝家花园。当看到贝熙叶在碉楼给村民看病治疗缺少帮手的时候，她就主动提出做贝熙叶的助手，为此，她还向贝熙叶的女儿热韦娜学习护理技术。抗战期间和抗战后，经常有八路军和解放军伤病员被送到贝家花园来就诊，因为日本宪兵和国民党特务盘查得特别严密，手术只能在自家诊室内秘密进行。为了安全起见，手术的助手也不敢用外人，吴似丹便自告奋勇地来打下手。最初吴似丹看到淋漓的鲜血和可怕的伤口，还是有些害怕，她毕竟是出生在锦衣玉食之家，并且终日只是吟诗作画，但一看到

贝熙叶镇定自若、从容不迫地做着手术，吴似丹的内心也变得勇敢了起来，忘记了焦虑和恐惧，护理的手法也慢慢地熟练、专业起来，村民们都把她当成贝家诊所的护士。她也开始替贝熙叶接管家务。铎尔孟常来相聚，看到如此情景，也常常称赞吴似丹像贝熙叶的女儿一样。

和贝熙叶在一起的时候，吴似丹觉得自己走进了一个全新的世界。过去，她生活在象牙塔内，虽然衣食无忧，但不明世事，不知道自己的存在对世界、对他人有何益处，觉得人生一世犹如蜉蝣。认识了贝熙叶，走进西山之后，透过贝家沙龙、贝家诊所以及围绕着贝熙叶的一切，她看到了人生百态，看到了一个复杂但是更为广阔、更为真实的世界，她从帮助贝熙叶、救助他人的过程中看到自己的价值，并且在青山绿水中，真正体会到古代文人所崇尚的山水情怀。

在中国历史上，儒家与道家作为两种不同的意识形态长期争锋。虽然儒家文化逐渐占了统治地位，也占据中国人的思想头脑长达数千年之久，但必须看到，一个民族的性格从来就不是绝对的。儒道虽异，但二者并非不可相容，中国人的文化血脉里就巧妙而协调地流淌着两种思想。道家思想起源于历史上的隐者，从根本上讲是唯我主义的"避世之论"。儒家是"显学"，道家则是"隐学"。儒家强调的是人世的义务，道家则偏向出世的权利，超脱批判现实，亲近崇尚自然。相对儒家是"中产阶级的哲学"而言，道家思想正契合了中国人先天的性格特点。经过几千年的繁衍扩散，道家思想对中国人的影响之深远并不下于儒家。当道家思想成为一种人生哲学，个体往往表现为淡泊名利、无欲无求、谦和平静、寄情山水的隐忍性格。

贝熙叶醉心于中国文化，尤其痴迷于中国的道家文化。在吴似丹身上寄托了贝熙叶对中国文化的眷恋，吴似丹为他打开了中国书画、戏曲、音乐的大门，他从中深切地感受到中国文化的精妙。他还见证了吴似丹身上巨大的变化，从一个不谙世事的少女成长为一位不畏险阻、充满怜悯和爱心的天使。他对吴似丹的情感从慈祥的长者变成平等的伙伴。

1923 年，贝熙叶前妻因患癌症医治无效去世。他们有两个女儿。抗战胜利后，贝熙叶大女儿苏珊娜一家返回法国。1947 年，二女儿热韦娜也离开北平回国，只剩下吴似丹照顾孤身一人的贝熙叶。一天傍晚，吴似丹突然发现贝熙叶倒在书房的地上，面色青紫，当时吴似丹正好在贝家，她急忙找来好友王大夫为其紧急诊治。经诊断，贝熙叶患的是心肌梗死，要不是发现和救治及时，贝熙叶可能就没命了。后来贝熙叶称吴似丹"救过他的命"就是指这次身体遭遇不测，而吴似丹的精心守候才使贝熙叶化险为夷。贝熙叶这次生病让吴似丹下定决心，要用一辈子来照顾这个大半生都献给中国的法国老人，"你把大半生都献给了中国，我要用一辈子来照顾你。"金风玉露一相逢，便胜却人间无数。

1947 年，78 岁高龄的贝熙叶与 26 岁的吴似丹秘密结婚了。因为吴似丹笃信天主教，他们找来一个瑞士牧师为他们见证婚礼，对于这桩婚事，双方家庭都不赞同。铎尔孟出面给贝熙叶的两个女儿苏珊娜和热韦那写信通报并解释，并明确表态支持贝熙叶和吴似丹结为伉俪。"……至于似丹，我必须声明，她是完全诚心诚意的，是真诚而无图谋的，他们的爱是堂堂正正的。吴似丹出身富裕家庭，受过良好的教育，他父亲吴明远是中法实业银行总经理，伯父是北洋政府财政次长。对于一个中国女子来说，愿意把自己的命运与一个国家被斥责为帝国主义国家的外国人连在一起，这是一种很勇敢的行为。"铎尔孟不仅在贝熙叶女儿面前担当说客，还立即去拜见了吴似丹的父亲吴明远，因为铎尔孟是吴明远中法银行的董事，彼此很熟悉。铎尔孟向吴明远讲述贝熙叶与吴似丹情感发展的过程，还开玩笑说："这桩婚事你是最初的媒人啊，是你把一个病恹恹的女儿送到贝大夫身边。似丹不是叛逆，而是一位非常传统的女人，她不仅知恩图报，更尊重贝熙叶大夫高贵的人品。我们应该为她骄傲。"1952 年，他们正式登记，并邀请了 20 多位朋友前来庆祝。

对于相爱的两个人来说，年龄的差距并不是障碍。贝熙叶醉心于中国文化，热衷收藏中国古玩，特别痴迷于研究基督教与道教的共性，年龄越大，身上越多散发出智慧。吴似丹是大家闺秀，琴画皆通。那段时间，吴似丹

闲时弹奏一曲古琴，兴起挥毫泼墨。贝熙叶深深感到：吴似丹的出现如同升起一道彩虹，给自己的生活添了色彩，多了情趣。他陪着吴似丹各处游历，到景山俯瞰故宫，野外垂足河边，海淀寻古探幽，西山体验自然。幽林里、小溪边、岩石旁、荷花前，贝熙叶像摄影师一样，给吴似丹留下一个个与大自然浑然一体的身影。后来吴似丹回忆说："转眼又是寒冬，落叶满地凋零，门前垂柳，缕缕金丝，随风飘逸。记得 Jean（贝熙叶）在叫我欣赏这大自然的美——金丝柳映着日落的红光。"

在京城，也有不少异国婚姻，像贝熙叶的好友兰荷海、邵克侣等，娶的均是中国女子。异国交往的男女就更多了，相传法国诗人圣琼·佩斯还差点娶了位格格。但像贝熙叶与吴似丹年龄相差如此悬殊的却十分罕见。人们先是用好奇的眼光看待这段异国姻缘，议论纷纷。当他们俩的真情故事传开后，人们又转为赞叹和钦佩。

西山贝家花园的平静生活没过多久，由于外部政治环境的变化，中法大学已改组为北京工业学院，贝熙叶失去了教授和校医职务，成为私人诊所医生。1954 年 6 月，贝熙叶的行医执照被卫生局收回，并被要求限期离境，要离开生活了半辈子的中国北京，回到早已陌生的祖国，就如同被砍离根茎的老树一样，让贝熙叶感到撕心裂肺的伤痛。

对贝熙叶而言，吴似丹的去留成了大问题。贝熙叶已向有关部门申请了多次，希望允许吴似丹陪同他前往法国，但始终没有得到回复。随着归期日益临近，贝熙叶不得不提笔给相关负责人写了一封信，信中表达了自己对中国的热爱和希望予以照顾，允许妻子随其一起回国。

在等待音信的煎熬中，吴似丹陪着贝熙叶走亲访友、故地重游，在颐和园、圆明园、香山、西山等地，贝熙叶用镜头和眼睛，记录这片融进他半生心血的地方，并将之与岁月一同铭刻在心中。1954 年 10 月，贝熙叶独自一人黯然登上前往法国的"越南号"客轮。临行前最后一刻，吴似丹得到通行令，得以陪贝熙叶一起回法国，等待她的将是另一个未知的世界。

1954 年，回到法国的贝熙叶和吴似丹两人几乎一无所有，只得选择回到贝熙叶穷乡僻壤的家乡奥维涅白手起家。老人年逾80，还要重操旧业，为的是让妻子能过上像样一点的生活。吴似丹心疼贝熙叶，不顾语言障碍，克服内向性格，四处打零工补贴家用。贝熙叶思念中国的痴心不改，旧友来信说，在西山的贝家花园周围，有贝熙叶种下的法国树木，可称得上是北京的奥维涅，可惜今天的奥维涅却没有了北京的西山。于是贝熙叶按照心中的记忆，在家的周围种树植草，部分恢复贝家花园的景象。西山梦境中的家园在他手下渐渐成形，他称这里为"奥维涅的西山"。

1955年，奇迹在遥远的奥维涅发生了。吴似丹居然怀孕并生下一个男孩，82岁的贝熙叶高龄得子，这真是上天馈赠给他们的礼物，堪称人间奇迹。贝熙叶仿佛年轻了好几岁，孩子一天天长大，法文名字叫"让·路易"，而中文名字却使父母二人颇费脑筋。贝熙叶的好友铎尔孟来信让叫"瑞哥儿"，吴似丹却为儿子取名叫"石涛"，因为她更钟情于清代画家石涛的书画，希望儿子长大后也能成为一位专精绘画的人。儿子的到来无疑是老人晚年难得的安慰，让贝熙叶既欣喜若狂，又满怀忧愁。担心自己年事已高，来日无多，剩下这孤儿寡母，日子怎么过？妻子为了能减轻贝熙叶的负担，有时也干些农活，对此，贝熙叶唯一心疼的是年轻妻子的承受能力，她毕竟是位出生在北京富裕家庭的小姐，贝熙叶不忍让妻子干粗活儿，只想让她专心绘画或练琴。在贝熙叶看来，妻子的手是用来抚琴和拿画笔的，怎么可以砌砖拿锹！这幢初步建成的木屋，无意中竟那么酷似北京西山的家，甚至还多了一间专为妻子作画用的画室。这也是贝熙叶的良苦用心，他心想：如果自己不在了，妻子也可以凭借绘画的技艺，在法国继续生存下去。他只想早日实现给妻子一个家的承诺。他们为小木屋取名"奥维涅西山花园"。在贝熙叶的鼓励和支持下，吴似丹用中国山水笔法绘制了多幅奥维涅山水。渐渐地，知晓吴似丹绘画名声的人越来越多，前来欣赏和购买绘画作品的人也开始多了起来，渐渐地有了朋友的小圈子。

1958年1月4日早晨7时许，吴似丹起床后发觉熟睡中的贝熙叶有点不对劲，嗓子里呼噜呼噜地响，像是被痰堵着，唤他又唤不醒。吴似丹意

识到情况不好，又摸摸贝熙叶的脉象还不是太糟糕，于是她立即给他打了一剂强心针，然后跑出去找邻居帮忙，邻居随即请来在小镇行医的若安斯医生。当医生赶到时，贝熙叶已经醒了过来，好像是认出了来者，但是已然说不出话。医生让贝熙叶伸出手来，他只能伸出左手，而右手乃至右半个身子已经不听使唤了。若安斯医生立即决定将贝熙叶送往附近的诊所。诊所的几个医生会诊后，确诊为脑出血，病情非常危险，尤其是贝熙叶年事已高，因而更加严重。吴似丹哭着请求医生，要他们像对待自己的亲兄弟一样对待贝熙叶，尽一切努力抢救他。

发病后的第三天，贝熙叶的痰涌上来，但咳不出，脸色发青，诊所医生请来专家一起为其动手术，把喉咙切开抽取脓血，然后插上吸管，随时吸痰。吴似丹把3岁的儿子让·路易寄在邻居家中，没日没夜地在医院陪着贝熙叶。贝熙叶神志不清，大喊大叫，护士要把他捆起来。吴似丹哀求护士们给他打安眠针，护士们不肯。吴似丹跪在地上号啕大哭，祈祷了半夜。次日上午，贝熙叶的两个女儿从外地闻讯赶来，看到吴似丹四天四夜没合眼，感念她的辛苦与可怜，她们与诊所协调，请了位护工负责夜晚的护理，这样才把吴似丹替换下来，让她喘口气，稍事休息。后来吴似丹在朋友的帮助下把贝熙叶转到公立医院。为了还上欠下的医疗费，吴似丹在朋友们的帮助下，东拼西凑，才筹到所欠私人诊所约合16万旧法郎的治疗费。

在医院，贝熙叶又在死亡的边缘徘徊、挣扎了20多日，2月5日，贝熙叶在他新浴堡的家中去世，享年86岁。2月7日，他的遗体在当地安葬。贝熙叶撒手人寰，只留下孤儿寡母，吴似丹含辛茹苦把儿子拉扯大。因为生活拮据，小贝不得不选择军校，17岁的让·路易考入父亲当年的母校波尔多大学医学院，终成心脏病专家，亦被称为贝大夫。

20世纪50年代末，吴似丹与北京家人的联系越来越困难。她告诉铎尔孟，"我自年底接到母亲一封信后，至今三个月没见信了，使我非常怀念。母亲信中说姐姐给我寄来日历一份，我也没收到。我看那边情况越来越难。我最怕的是永远得不到家中的消息了，想到此处，我心欲碎。"一次当地电影院放映一部中国影片，邀请她把绘画展览放在放映厅内展示。电影开场，当故乡的风景与独具民族风情的音乐响起，此情此景，令吴似丹失声痛哭。

吴似丹始终没有离开奥维涅，她把贝熙叶从中国带回的所有资料悉心珍藏，成为今天我们了解这段历史的宝贵资料。吴似丹开始参加书画展览，当她思念之情难抑时，她以中国山水手法勾勒奥维涅的山水。2013 年 6 月，吴似丹以 89 岁高龄去世，距离贝熙叶来中国已过去 101 年。

2014 年 3 月，59 岁的让·路易第一次来到父亲的花园，他近乎贪婪地一路行走、一路拍照，唯恐错过其中的任何一处细节，他需要全部记录、保存下来，保留在眼里，保存在心底，细细地抚摸，深深地体验。事实上，让·路易是在母亲过世 6 年前瘫痪在床时，开始对过去的历史产生了兴趣，才意识到自己可能错过了一些事情。从那时起，他开始搜集资料，以期在文献资料中探寻蛛丝马迹，2013 年吴似丹去世后，让·路易在奥维涅老家整理父母遗物，这也让他真正认识了自己的父亲母亲。当尘封的往事被再度揭开，让·路易感到很高兴。如果不是看到父母的遗物，过去的一切都有可能烟消云散，消逝在历史的隧洞中，成为历史的尘埃。在这些遗物里，有贝熙叶在1953 年写下的一段话："我刚刚翻阅了我的资料，它们未加整理，我已习惯了这种杂乱。我关上抽屉，也许永远不会再打开它。我忽然想到，也许有一天，我的孩子或孙子辈会有人看到它们，会因此知道这里面珍藏着我在中国漫长岁月中得到的小小荣誉。"如今想到父母能为后人所追忆和敬佩，让·路易感到可以告慰父母的在天之灵，为此，一向喜怒不形于色的让·路易泣不成声。

一段开始于西山的奇缘，在法国慢慢地转了一个 50 年长的弯，飞速向西山跑回去。

二、圣琼·佩斯遗址：诗人外交官道观中写出诺奖诗作

如果将中国文化比作一本精粹深邃的"书"，那么法国现代诗坛先后有 3 位来华的诗人外交官用诗歌对这本"书"进行了程度不同、角度不同的解读：保罗·克洛岱尔最先用诗歌将这本引人入胜的"书"介绍给法兰西民族；维克多·谢阁兰首次以探险家和考古学家的视角用诗歌翻译了这本精彩绝伦的"书"；而圣琼·佩斯完成的则是精神上的精进探险，实现了对克洛岱尔和谢阁兰未竟诗歌的超越。

圣琼·佩斯（1887—1975），原名阿列克西·圣-莱热·莱热。1916—1921 年曾任法国驻华公使馆外交官。其间，人们可以看到"两个"圣琼·佩斯，一个是在外交场合不苟言笑、正襟危坐的官员，一个是在现实与精神两个场域策马驰骋的诗人。《阿纳巴斯》（又译《远征》）就是圣琼·佩斯在两个世界的探险，在西山独特的自然与人文环境中完成的传世杰作。"外交官与诗人的双面体，一方面追权逐利，另一方面却保持着高远宏阔的心灵。当外交官遭遇危机时，诗人便开始复活，他在中国创作的史诗《阿纳巴斯》为他赢得诺贝尔文学奖。"

（一）京城的"外交家"

圣琼·佩斯出生于西印度群岛的法属瓜德罗普群岛，他父母均属于克里奥尔贵族阶层，是数代之前移居安的列斯群岛的法国侨民的后裔。家族世代经营种植园。佩斯的童年时代即在该岛上度过。在这里，佩斯受到了良好的家庭教育，八岁便享用天文望远镜、游艇和乘骑。航行和马术后来成为他终身持续不衰的爱好。望远镜对佩斯更具有某种象征意义，它培养了佩斯对于远方事物的强烈爱好，也启示了他对于远征和探险的渴望，这一份童年的爱好对于他将来从事文字和外交生涯所需的远见卓识也并非毫无意义。1896 年至 1899 年，佩斯在中学阶段热爱数学和植物学，课余时间喜欢观测天象，也经常在岛上纵马驰骋或泛舟海上，他的知识逐渐扩大到海洋、自然和哲学方面。童年生活的经验成为佩斯一生中最珍贵的记忆。佩斯的全部作品都来自这个背景，他从未停止反映这一生命体验的雄浑、庄严、新奇的最早印象。

1897 年岛上发生地震与经济危机，庄园主家族破产。1899 年，12 岁的佩斯随父母回到法国，定居于比利牛斯山下的波城，后又考入波尔多大学学习法律。这期间，他结识了诗人弗朗西斯·雅姆、保尔·克洛岱尔和雅克·里维叶，他们对佩斯的诗歌写作产生了不同程度的影响。1906 年，佩斯进入军队服役一年，期间，他也没有放过任何机会去扩展并加深对大自然具体、详细而精密的认识。

1907 年，父亲去世后，佩斯挑起了家庭的重担，利用微薄的收入赡养母亲和几个姊妹。1910 年，加里曼书店出版了其处女诗集《颂歌》，《颂歌》时他 23 岁。该书出版后完全被读者所忽略，既没有人加誉于他，也没有引起批评。可能只有一个人注意到了《颂歌》潜在的文学价值，这个人正是同样长期被大众所忽视的法国小说家、意识流文学的前驱与大师普鲁斯特。

1911 年，在著名外交官保尔·克洛岱尔的鼓励和影响下，佩斯决定投身外交界。他前往西班牙、英国、德国等地旅行，实地考察矿业、工厂、港湾设施、商界和银行。这些旅行帮助他准备外交考试，也使他有机会结识当地名流，在英国，他结识了英国作家康拉德和印度诗人泰戈尔，对泰戈尔的作品深为钦佩，并说服法国作家纪德将它译为法文。

1914年，佩斯通过了外交考试。1916年，佩斯怀着对中国的向往，乘坐古老的"波利尼西亚号"抵达上海，担任上海领事馆的领事一职。圣琼·佩斯到达中国的时候，正是中国最为动荡不安的时期。各地军阀自立为王，为了争夺地盘，大打出手。初来中国的圣琼·佩斯，目睹了这一切。在给友人的信中，他写道："饥荒后面紧接着是洪水，逃荒的农民靠吃树皮为生。以极低的价格卖掉他们的孩子，而富人阶级却过着纸醉金迷的生活。"圣琼·佩斯以同情的目光注视着中国的一切，但是，他并没有从表面看待整个中国。有一次，佩斯亲眼看见一位农民驻足观看空中的一架飞机时，表现出来的欣喜的神情。圣琼·佩斯被这一情形感动了。中国人并不是其他人眼中的愚昧麻木的形象，中国是可塑性极强的民族。那时的中国，正处在激烈的变革之中，佩斯身处其中，体会着这种历史的变迁。

之后佩斯就因为"老西开事件"，被紧急调到北京，派驻北京公使馆担任三等秘书。当时，法国领事馆以保护天津老西开教堂为名，扩展租界，引起天津人民的强烈抗议。法国驻华使团的强硬态度曾一度使两国外交关系僵化，佩斯的冷静处理和娴熟优美的文笔使其获得其上司及法国外交部的赏识，不久，其职位就从三等秘书升为二等秘书。

初到北京，佩斯立刻意识到克洛岱尔给自己指了一条再正确不过的路。他的精明和才干、他的生花妙笔在这里获得了充分的发展，很快就做出成绩，从而坚定了他在仕途上的信心，也在冥冥之中开启了"仕途"与"诗途"交织的人生方向。

当时，马车是北京的主要交通工具。佩斯喜欢马，他给自己的蒙古马取名阿兰，这是小时候母亲给他取的乳名。可是这匹蒙古马一开始并不习惯佩斯身上欧洲人的味道。他写信告诉母亲说："我的佣人认为，应该拿一件我穿过的睡衣，晚上挂在马厩里，让马习惯欧洲人的味道。我亲自骑着阿兰赛跑，它帮我赢了一场比赛。"蒙古马阿兰的一路飞奔，迅速地将佩斯带入北京外国人的社交圈。佩斯最初在北京的工作，决定了他必须与在京的法国人和中国名流保持密切接触，以源源不断地获取有关中国的各类信息。

中法友谊亭

　　佩斯很快就被邀请参加了法国使馆医生贝熙叶在王府井大甜水井胡同16号举办的贝家沙龙。每逢周三，这里都聚集了一批远离家乡的法国人和热爱法国文化的中国人，诸如传教士、长期在华的作家和学者、能讲法语的中国人以及清末贵族后裔等社交红人，一位会讲法语的中国女子引起了佩斯的关注。她名叫容龄，出身清朝贵族，系满族正白旗汉军旗人，自幼随父亲游历各国。因父亲被调任法国公使，11岁的容龄跟随外交官父亲在巴黎生活。在巴黎期间，容龄曾向美国舞蹈家邓肯学习现代舞，她的舞蹈才华得到邓肯的赞赏，并在邓肯创编的古代希腊神话舞剧中扮演角色。后来容龄还向法国国立歌剧院的著名教授萨那夫尼学习芭蕾舞。回国后，14岁的容龄她与姐姐德龄一起成为慈禧太后的御前女官，开始了她作为宫廷

舞蹈家的生涯，从入宫到出宫恍然已是 4 年。

与佩斯相识时，容龄虽已嫁作人妇，却依然身材姣好，风情万种，是北京上流社会的名媛。此时的容龄用她独特的风格，努力将中国古代礼仪引入现代社会。容龄将佩斯引入中国人的各种圈子，之后他们之间成为一种超越朋友友情的暧昧关系。容龄给予佩斯的不仅是爱情，更是进入中国的秘密通道。

1997 年 5 月，时值法国诗人圣琼·佩斯诞辰 110 周年，在前法国驻华大使毛磊先生推动下，由法语翻译家蔡若明女士积极地组织和筹划，成功地于北京举行了一次圣琼·佩斯学术研讨会，该会议邀请法国佩斯基金会携带珍贵资料来京，还在欧美同学会举办了佩斯生平图片展。国内研究、翻译佩斯的学者与法国学者汇聚北京，围绕"佩斯与中国"这一主题，进行了多角度的学术交流，会议文件后结集为《圣琼·佩斯与中国》一书，1999 年由今日中国杂志社出版。在这次研讨会上，毛磊在研讨会上还原了在大甜水井 16 号的贝家沙龙。人们在沙龙里所谈论的，正是佩斯所需要的："人们谈论的内容，不外是这个处于危机之中的国度一周来发生的重大事件，包括京城里的尔虞我诈，以及外省的形势变化，多为宾客们旅行与活动的所见所闻。"这些信息经过佩斯的过滤与润色，通过外交渠道送呈法国外交部。外交部要将这些信息定期刊印在《北京政闻报》上。

然而这样平静的工作刚刚持续半年多，就被北京城内一次猝不及防的政变打乱了。袁世凯去世一年后，北京持续混乱的政局，给北洋军张勋制造了一次"复辟"的机会。1917 年 6 月，张勋利用黎元洪与段祺瑞的矛盾，率五千"辫子兵"，借"调停"府院矛盾为名，于 6 月 14 日攻进北京。入京后，张勋急电各地清朝遗老进京，"襄赞复辟大业"。北京局势骤然紧张，各国驻华使馆也处于高度戒备状态。期间，北京城乱象丛生。佩斯在写给母亲的信中描述了当时的诸多画面：逃进使馆的被废黜的总统黎元洪；逃亡的北京市民；满城飞奔的黄包车；拖着辫子的士兵；漫无目标的枪炮声；被误击的教堂；使馆和欧洲人；城外不明就里围观的群众；城内空空荡荡的街巷。直到 7 月 12 日复辟失败，这回又轮到政变者逃到使馆避难。

1917 年 7 月 5 日，在北京东厂胡同，地上散落着不少金银首饰，树上的乌鸦、喜鹊在叽叽喳喳地叫着，其间还伴随着几声女人的哭泣，仿佛一场洗劫刚刚过去，这是自 1916 年底，圣琼·佩斯到达中国后，经历的最为惊心动魄的事情。此时，北京城里已经被张勋所率领的辫子军占领，12 岁的末代皇帝溥仪再次登基，总统黎元洪不得不蜗居在东交民巷的日本使馆，而他的家眷则被扣押在东厂胡同。后来黎元洪向东交民巷的法国大使馆提出请求，希望他们接出自己的家眷，法国公使同意了。他把这个难题交给了佩斯，佩斯和翻译开了一辆车，来到了黎元洪的府邸，而此时，代表着众多势力的通信员、密使、间谍和反动派从四面八方赶来调查圣琼·佩斯，无数双眼睛盯着他们。稍有不慎，接人的计划就可能失败。可谁知圣琼·佩斯和法国公使馆的工作人员好不容易跟张勋一方谈拢，接出了黎元洪的夫人和孩子们，准备上车走的时候。突然，不知道从哪里冒出了许多黎元洪的仆人，争着抢着要上佩斯的车，要他带他们走。于是就有了之前首饰物件散落一地的狼狈一幕。

佩斯高度紧张的工作状态随着这场闹剧持续了近一个月，"复辟"结束后，使馆区紧绷的神经才得以松弛下来，"这骇人的变局像一场龙卷风掠过，政治生活重新洗牌。"由于佩斯成功地解决了这个难题，他特向公使申请了两个月的假期，他听朋友贝熙叶说，北京西山，林海茫茫，烟波浩渺，从清朝康熙年间，皇家就把很多行宫苑囿建在那里，皇帝和家眷们经常在那里度假，是一个放松心情的绝佳的地方。于是，圣琼·佩斯便骑着自己的小马出发了。

时任北洋政府外交总长的陆徵祥是佩斯·的好朋友，佩斯与陆徵祥的相识也是因为外交。为了谋求更好的发展，也为了让自己得到更多的收入补贴家用，佩斯请求自己的好友外交总长陆徵祥为自己请求一份总统的法国顾问的职位。那段时间，圣琼·佩斯为自己即将牢牢扎根于北京这件事

情而激动不已，他热切等待着陆徵祥的消息。而此刻，陆徵祥还身在巴黎，代表"中华民国"赴法国参加巴黎和会。1919 年，中国作为第一次世界大战战胜国，参加了巴黎和会，眼睁睁地看着战前德国在山东攫取的各项利益无条件转让给日本，中国外交官抗争无效，北洋政府准备接受这个屈辱的和约，此时激起民愤，并由此引发了一场以"外争主权，内惩国贼"、废除"二十一条""还我青岛"等为口号的爱国运动，这就是伟大的五四运动。1919 年 6 月 28 日，在五四运动的影响下，中国代表终于没有出席巴黎和会的签字仪式。巴黎和会中国外交失败了，陆徵祥灰心丧气，会后，他就辞去了外交总长一职，滞留比利时，更没有心情为佩斯谋求总统顾问的职位。目睹这一历史事件的圣琼·佩斯和当年的中国人一样，感到了耻辱和愤怒，他说："巴黎和会对中国的侮辱是无以复加的。"带着悔恨交加的情绪，圣琼·佩斯失去了对外交工作的兴奋。

圣琼·佩斯在法国公使馆工作的 5 年时间里，从三等秘书升为一等秘书。他与中国政界的很多官员有密切往来，他也曾经与蔡元培以及梁启超等中国文化名流有过交往。

（二）戈壁探险的旅者

丝绸之路，是连接东方和西方的纽带，对于西方人来说，极具诱惑力。在对自己的外交工作深感失望之后，西北那片荒漠吸引着圣琼·佩斯去不断探索生命的意义，也触动了他蠢蠢欲动的笔锋。这 5 年中，佩斯经常到各地旅行，东北、内外蒙古、朝鲜等地都留下了他的足迹。1920 年 5 月 10 日，佩斯乘坐轿车穿越戈壁，从北京西直门出发直到当年的库伦（今为蒙古国首都乌兰巴托），全程大约 1400 千米。此行佩斯与两位法国朋友结伴同行，一位是法国使馆医生贝熙叶，另一位是法国驻上海领事馆法官古斯塔夫·查尔斯·图森特，他是一位西藏专家，对藏传佛教很有研究。佩斯很久之前就向往着蒙古国旅行，为此他准备了很长时间，这次远行沿途一些喇嘛寺院或传教士都会极为热情好客地为他们提供歇脚休息的地方。佩斯横越戈壁大沙漠的经历促使他写下了史诗《远征》。

每逢星期三，无论是王府井大甜水井胡同 16 号还是西山贝家花园的贝家沙龙都会吸引着当时在北京的中法各界社会名流。参加酒会的各方朋友围绕着贝熙叶，热络地谈论他们各种各样的活动、发现、旅行、计划、文学创作、作品翻译、考古发掘、学术研究等。这些信息量极大、颇有见地、见解深刻的交流对圣琼·佩斯的文学创作、诗歌创作产生了至关重要、不可小觑的影响。

一天晚上来贝家做客的法国驻上海领事馆法官古斯塔夫·查尔斯·图森特主席在晚会上朗诵了他的大作，这是由他本人翻译的讲述藏传佛教创始人莲花生大师的 108 首诗歌。原文为梵文，是古斯塔夫·查尔斯·图森特先生从川藏边界理塘寺收集来的。

"于是，名叫黑色解脱的僧人

背离了整个世纪渴求的狩猎活动

无法诵念众神冥思的经文

从而以其野蛮的魂灵

强暴了他作为长老与弟兄的誓言。"

佩斯听得如痴如醉，好像在参加秘密的传授之礼。上述几句诗，在图森特后来送给他的打字稿里也被画了横线，并做了个别的改动。对于佩斯而言，这是一个不同寻常的夜晚，图森特所讲述的莲花生大师的传奇故事激发了他生命的张扬。当外交官的生活陷入凝滞，诗人的激情被再度点燃。无尽的旷野、勇敢的征服、生死的轮回，在此时此刻，超越了金钱、权势、世俗的迷雾，他听到了诗性的召唤。就在那个晚上他与图森特和贝熙叶商定，一同前往草原去寻找传奇。

就像在他之前也同样参加过晚宴的谢阁兰一样，说他后来所写的作品都直接来源于从西藏传来的一部不为人知的文稿，那可能是过于简单化了。不过，应该说整个复杂的过程是从北京的这些晚间聚会上开始的。是这些晚间聚会启发了年轻的诗人，并促使他施展出自己的威力。

法国驻华公使馆主办的《北京政闻报》发布简短消息："5 月 10 日，

包括图森特主席、佩斯先生、贝熙叶医生等在内的一众法国人，将出发远足去乌尔格。"对佩斯来说，这将是一次心灵之旅。《阿纳巴斯》是古希腊诗人色诺芬的一首诗，描写了希腊军团远征波斯的故事。佩斯十分偏爱这个题目，一直在寻找配得上这个题目的题材，写一首自己的诗歌。

佩斯与朋友一起在沙漠探险，曾经繁荣的丝绸之路，早已经荒芜。在漫天的黄沙与大风中，他们与野狼擦肩而过，与秃鹫并肩驰骋，危急时刻潜伏着。对于这次旅行，贝熙叶在日记里有过这样的记述："1920 年 5 月 11 日，我们在一个凉爽的早晨六点出发，戈壁滩的春天就像一个丑陋女人的微笑。我们经过一个敖包，它由一大堆石头构成，杆子上挂满了经幡。上面还放了许多兽角，布上画满了蒙古文或藏文写成的铭文。""到达喇嘛庙时恰逢早上的祭礼，我们听到了熟悉的声音，有长三米的大号角、单簧管和锣鼓声。殿内很昏暗、幽静，隐隐的几盏油灯更添一份神秘。""一个突然出现的故障使我们不得不下车。我们分散开来。我的衣服里装满了玛瑙和一些石头的碎片。""佩斯高高挥舞着他的新发现：被秃鹫、蚂蚁和獾蚕食干净的动物头骨。他说，这可是成吉思汗坐骑的头骨！"

一天，在驰骋荒漠草原的时候，海市蜃楼突然出现了，佩斯和他的朋友们惊呆了。佩斯感到自己仿佛置身于无边无际的大海中。而那片海仿佛让他回到了童年的海岛。那里有侍女的欢笑，母亲的呼唤。贝熙叶在日记中写道："25 年后，当我回忆起那令人难以置信的、将我们玩弄于其中的海岸幻境时，我又发出了与当年一样的惊叹。"就在这一瞬间，佩斯仿佛回到了温暖的童年，回到了浩瀚的海洋。他曾经对母亲讲："您在我血液中注入的不是血液，而是海水。"这片横无际涯、逶迤连绵、辽阔苍茫的草原带给他前所未有的体验，他仿佛看到成吉思汗远征的铁骑踏过这茫茫的草原，呼啸而去。佩斯后来回忆说："这次旅行太棒啦！从任何角度看，这次探险都是一场完美的胜利，并且这场'人文经验'从精神层面讲，让我走得比想象更远，仿佛触到了精神世界的尽头。"他的内心久久不能平复，他期待已久的《阿纳巴斯》喷涌而出。

（三）西山道观的诗人

远离尘嚣，于寂静处寻找创作灵感，是诗人自然的选择，东、西方诗坛概莫能外。西山，是北京的地理源头。北京平原就是经年累月由发源于西山的大小河流冲击而成，北京城在平原之上应运而生。千百年建都史，让北京有了深厚的文化底蕴。西山因为离北京城近，且山灵水秀，成为历代诗文荟萃之地。来此雅集与久居，甚至埋骨于此的文人雅士比比皆是，如曹雪芹、纳兰性德等，跟西山有关的传世诗文不胜枚举。

法国文化与西山的缘分，早在 17、18 世纪张诚与白晋等人在畅春园向康熙讲授西方科学新知、蒋友仁等人在圆明园设计大水法时就已经有详尽的记录。他们同其他来到中国的法国同胞一样，以专著或者书信的形式，将中国文化传回法国。20 世纪上半叶，一批法国学者与中国学者携手在西山地区为中国教育与学术的现代化，做了大量开创性的工作。比如贝熙叶与铎尔孟等人在西山参与创办中法大学，德日进等学者在西山深处的周口店"北京人"遗址发掘中发挥关键性作用。如此看来，圣琼·佩斯与西山的结缘，并非孤立现象，也并非偶然。产生于西山的史诗《阿纳巴斯》，颇像是一部法国学人历来在西山地区为中法文化交流所做的历史性伟业的颂歌。

圣琼·佩斯在自传中写道："到外地去探访游历，精神抖擞。离北京城骑马要走一天的地方，有一片高台，下面是通向西北的驼队小径，上面有座破旧的小小道观，就在那里写出了《阿纳巴斯》。"圣琼·佩斯在他的日记和文章里，多次提到西山那座已经破落没有香火的道观。

北京史地民俗学会专家张文大在接受《北京晚报》记者采访时介绍，1917 年 8 月 2 日，圣琼·佩斯在写给母亲的信中提及："我从一个小庙宇里给您写信，它位于北京西北部的一个山岗上……在我的脚下，距离一条因流沙淤塞的河道不远处，一个村落正在消亡……它建在一座小山丘上，从这个小山丘可以俯瞰那通往西北边陲的丝绸之路。"据考证，这座道观就位于海淀区苏家坨镇管家岭村西北的一片林木葱郁的山岗之上。也正是沿着道观下的这条路，圣琼·佩斯和他的同伴踏上了远征戈壁滩寻找古老

陆上丝绸之路的艰辛历程。这座圣琼·佩斯写作《远征》的道观就是桃峪观。很可惜现在道观仅剩遗址。道观遗址只剩一片废墟，位于半山腰的一个山顶上，背西面东，原来的构造清晰可辨，前后都有门楼，有出入的台阶，东为正门，还有个五、六平方米的长方形小院子。正房的西南角有个地下室，西北方有个天然石洞，曾经是菜窖。现如今西山桃峪道观和距道观一公里的圣琼·佩斯方亭都已复建，准备供游人参观游览。这不仅仅是一座普通的建筑，更是一段中国的往事，一段外国友人对中国的情怀。

圣琼·佩斯在给好友法国大使馆医官贝熙叶的信中，这样描述这处藏修地："白天，大片乡土无名、无人又无牲畜。在我脚下，就整个人世来说，单见一条淤沙的河谷，从那儿却朝我升起一些小小的石鼓的声音：召唤涉渡者或几声对白，从此岸至彼岸，隐隐约约的村落之间。更远望去，高坡层展，那些大片向西的原初的开阔地，朝向蒙古国境和中国新疆，就在那里的几处始建了最初的商旅小道蹊径。在这一切之上，是远古亚洲的固定时间，而从那边一望已然消逝了昔日游牧帝国及其尚无界石的梯级道路。"

作为圣琼·佩斯的粉丝，一直研究圣琼·佩斯的毛磊根据有关材料这样描述这座道观："道观坐北朝南，在旷野中非常简朴，除正门外还有两个侧门，中间有一条甬道，两边各有一株老树，只有一座传统式样的殿堂；后面土丘上长着一棵高大的松树，向南倾斜，罩在殿堂上面。在另一边低处，有一眼水井，远处是座村庄。北边，有一条河流过。"

圣琼·佩斯故居前门

圣琼·佩斯的诗不是纪实叙事诗，但《远征》中一些字句很像是北京西山一带的境况，比如"于三岔口渴饮古铜色大碗水，碗底印有捐家善人的姓氏"就很像是妙峰山香道上茶棚的景观。再比如第六章："全部壮丁扛起木棍，顶着他们崇奉的神灵"，类似妙峰山的娘娘架会；第十章中："纪念古树的露天喜庆，为一片水潭而设的公众祭典"等，这些语言虽然晦涩，但很明显是一片祥和喜庆的氛围。而这些语句所描绘的场景和画面像极了妙峰山庙会，1920 年左右，也就是佩斯来中国期间，妙峰山庙会是北京最为著名的庙会，供奉碧霞元君的妙峰山金顶是华北地区香火旺盛的佛教圣地。从北京城出发，有 5 条登山香道，主要在海淀区苏家坨镇。其中由北安河经大觉寺到金顶的中道和从北安河经金仙庵到涧沟的中北道香客人数最多。佩斯所隐居的桃峪观，就处在中北道不远处。

当圣琼·佩斯对外交事务深感失望之后，经贝熙叶的介绍来西山度假，并找到了一座清静的道观，与朋友一道从沙漠探险归来之后，圣琼·佩斯便骑着自己的小马，漫步在西山的密林草丛中，感受着大自然的神奇与伟大。他不由得想起了自己的童年，想起了他的出生地安德烈斯群岛。那里同样如同世外桃源一般，没有世俗的纷扰，被海天和自然包围着。西山让圣琼·佩斯找回了童年，也激起了他内心躁动不安的诗人人格。佩斯为自己的小马取名为"阿兰"，这正是小时候母亲对他的昵称。在西山的树丛中，在山脚边的河流中，圣琼·佩斯与阿兰一道游历了西山的每一个角落，远眺那一片海洋似的荒漠，置身于妙峰山的喜乐庙会，《阿纳巴斯》的每一个词语，进入了圣琼·佩斯的脑海。

1921 年，圣琼·佩斯带着《远征》手稿离开了中国，1922 年，时任《新法兰西评论》编辑的安德烈·纪德访问了佩斯的寓所，征询他有没有新作可以给他发表。佩斯指着一个打开的小箱子说："你过去看看吧，也许你能找到点东西。"结果纪德在箱子里找到了一部标题为《阿纳巴斯》《远征》的手稿。纪德当即征得佩斯同意出版这部长诗。但在离开寓所时，纪德忽然记起外交官是不得随意用原名发表这类东西的，就问诗人用什么名字好，他很快得到了答复：圣琼·佩斯。这是佩斯第一次使用这个笔名，此后一

直未改。《阿纳巴斯》（《远征》）单行本于 1924 年问世，但读者很少，值得庆幸的是，在这少数读者当中却有几位赫赫有名的人物：里尔克、霍夫曼斯塔尔、艾略特等，这表明佩斯在诗人群中已经得到相当的认可。《阿纳巴斯》是一部关于英雄远征的长诗，波浪式的长句犹如海浪翻滚，气势恢宏。1960 年，瑞典国王把诺贝尔文学奖授予佩斯并称赞道："他诗歌中振翼凌空的气势和丰富多彩的想象，使当代在幻想中升华。"

毛磊认为，是中国唤醒了圣琼·佩斯。《阿纳巴斯》的创作时间，比美国作家赛珍珠的长篇小说《大地》（1938）要早了大约 10 年。毛磊先生还说："在前后仅仅 20 年的时间里，中国唤醒了 20 世纪法国最伟大诗人中的 3 位。"而正像保罗·克洛岱尔唤醒了维克多·谢阁兰、圣琼·佩斯一样，圣琼·佩斯在北京西山，也必将唤醒更多的诗人。

三、双梦奇缘：把灵魂深藏于汉语的 学者、诗人铎尔孟

对于当下的中国人来说，法国汉学家安德烈·铎尔孟（1881—1965 年）是一个陌生的名字。他是历经中国三个时代的法国贵族和诗人，他曾担任载沣亲王府法语教师、北洋政府外交顾问、国民政府总统府顾问，也是中法大学创办人之一。他在中国生活了 48 年，回到法国后又接受联合国教科文组织的委托，参与到中国古典名著《红楼梦》法译本的翻译、校译工作中，前后历时 27 个春秋，与李治华和雅歌，合力将中国古典名著《红楼梦》翻译成诗词歌赋全法文版，把生命中最后的 10 年献给了《红楼梦》，

完成了他与《红楼梦》生死相依的人生使命。

铎尔孟在北京居住生活长达 48 年，于 1954 年回国。值得一提的是，他回法后的命运，仍和西山有着近乎奇妙的巧合。他寄寓在巴黎近郊一个修道院旧址，他把此地译作"华幽梦"。曹雪芹在西山用人生最后的 10 年写出字字泣血的《红楼梦》，而整整 200 年后，铎尔孟亦用他生命最后的 10 年在"华幽梦"痴迷地校审他的弟子、中法大学培养出来的学生李治华所译的《红楼梦》，尤其是诗词部分，按照原意用法文古体诗重新翻译，以便于法国读者能够更深刻地理解这部伟大的著作。这部译作同样耗尽了他的心血，译著未完他就溘然而逝。法文版《红楼梦》在他去世后出版，在法引起轰动而反复再版。"十年辛苦不寻常"，道尽了曹雪芹和铎尔孟两人为《红楼梦》呕心沥血的人生历程，也写下"华幽深处掩红楼"的一段"双梦奇缘"的佳话。

（一）"中国迷"之谜

1911 年，农历辛亥年，中国一个剧变的年份。回国两年后，再度来到北京的铎尔孟与清晚期宫廷史官恽毓鼎于 1 月 8 日晚七时在六国饭店见面。这是他们之间的第六次会面，对于这次会面，恽毓鼎在日记中写道："（铎尔孟）谓回法国二年，觉学问、风俗无一如中国者，大为彼都人士所笑，群呼为中国迷。"

铎尔孟一生充满传奇色彩，他与中国许多历史事件和人物相关联。他的大半生在中国度过，回到法国后仍用余生致力于中国文化。他刻意低调，不求闻名，但现在却为中法越来越多的研究者所关注。

铎尔孟当年为什么离开法国？来到一个对他来说如此陌生、遥远的东方国度。铎尔孟出生在法国贵族家庭，却是个私生子，从小饱尝高贵生活的冷漠，孤寂使他学会坚强，同时也把他推向固执。母亲纯真的爱情被社会的偏见扼杀，他的母亲因不堪舆论的压力，抛下年幼的儿子自杀了。铎尔孟由他的外公外婆带大，不知道父亲是谁，母亲又离他而去，还要独自背负不明来路的屈辱。当北京城连绵的城墙、高高的角楼第一次映入他的

眼帘的时候，他会有一番怎样的感受呢？

20世纪是一个动荡的世纪、多元的世纪和变化的世纪，而中国在哪里？一直致力于追寻中国形象的法国作家和学者，他们想直接触摸中国的脉搏、直接触及中国的灵魂。当时的清政府达官贵人中也悄悄掀起一股法国热，公使夫人们出入宫廷，她们的服饰、举止吸引着深宫里的皇眷，而尤其是语言，有点远见的官宦人家都在聘请外教教授他们的儿孙们学习外语。铎尔孟早年曾跟随时任大清帝国驻法使馆武官的唐在复学习中文。1902年李石曾赴法国留学期间与铎尔孟结识，两人成为莫逆之交。1906年，在唐在复推荐下，铎尔孟来到中国担任醇亲王载沣府中的法语家庭教师。

位于北京城后海边上的醇亲王府中，醇亲王正热切地等待着铎尔孟的到来。载沣在醇亲王府隆重接待了这位家庭教师，他要亲自见一见这位法国人。而铎尔孟以他特有的气质和风度征服了这位亲王，言谈话语之间，表露出他熟读中国诗词，了解中国文化，这一点颇出乎醇亲王的意料。刚到京城一月有余，而铎尔孟却知晓那么多京城故事，因此这第一面醇亲王对铎尔孟较为满意，就把格格和小贝勒统统交给他，让孩子们跟着他学习法语。

醇亲王府是不会缺少图书的，各种藏书、字画应有尽有，铎尔孟醉心地徜徉在其中，如饥似渴地攻读。遇到不懂的地方，他也能不耻下问，就向王府里其他的老师们请教，他的虚心和诚恳赢得了大家的尊敬。他与大家交往起来十分自然融洽，常常和大家一起喝茶、叙谈、研讨、交流，他的汉语水平突飞猛进，这也是他最难忘的一段时光。

醇亲王的儿子，就是后来中国最后一个皇帝溥仪，在铎尔孟来到他家那一年才一岁，尚未入宫。中秋节那天，亲王福晋苏完瓜尔佳氏找到最合理的借口，抱着小溥仪，在王妃、侍女的陪同下前来参加赏礼。大家正准备坐下来吃点心，小溥仪突然对眼前这位怪怪的人产生了兴趣，他伸手要这个大鼻子叔叔抱，喜欢小孩子的铎尔孟把溥仪抱起来，高高地举起，逗得孩子咯咯地笑。当铎尔孟再次把孩子举过头顶时，突然一股热流倾泻而下，只听见尿喷射在衣服上的声音，周围的人见状都不知所措，而铎尔孟高高举起的手臂却纹丝不动，直到孩子尿完了他才放下。众人都称赞铎尔孟有定力，其实是铎尔孟怕惊扰孩子正常的生理需求。这件事情发生后，后宫就传遍了，慈禧听说后也眉开眼笑，主动提出要见一见这位"有定力"的法国人。

在醇亲王府教授法语这段时间，奠定了铎尔孟的社会基础。之后，他成为北洋政府的外交顾问，但他对职务并没有太大的兴趣，而是身处上层接触到一些社会改革派，并与他们一起投身到社会进步的洪流中。后来他听说溥仪登基，载沣成了监国摄政王，他留下一封信就离开了醇王府。他不能接受这么小的一个娃娃就可以治理一个国家，而且还是一个泱泱大国，他认为这种做法简直荒唐之极，令人不可思议。然而，正如曹雪芹在《红楼梦》中所说的那样，"忽喇喇似大厦倾，昏惨惨似灯将尽。"小小的溥仪登上帝位不久，在中国持续了两千多年的帝制，也轰然倒塌。

铎尔孟因他的中学素养和法国学者身份，让他在清末民初成为中国学界教习、教授和中国政界的顾问。1912 年，袁世凯北洋政府聘请了 22 位外交顾问，铎尔孟是其中最年轻的一位。铎尔孟在中国已经有 7 年，他深感这个国家因自我封闭而固守、腐朽、没落。因制度衰败、管理不善，致使这个文明古国的许多珍贵文物遭到破坏，或被权贵占为己有。他向北洋政府提出成立"古物古迹调查会"，完善"遗产税"，以保护国家文明的完整性，保护国家财产不被少数人侵吞。他正式向北洋政府提出征收遗产税，虽然民众对此呼声很高，但由于袁世凯正忙于帝制，"时局多故"未能实行，此事最终也不了了之。

1919 年，铎尔孟作为民国政府总统顾问，又雄心勃勃地呈书《中华民国立法院组织私译》。第一次世界大战一结束，法国政府立即将注意力重新转向远东和中国，派遣特使格里莱来华考察。格里莱与驻华公使馆一致同意要帮助中国发展经济，同时宣传法兰西文化，帮助中国培养人才，以制衡美英在中国影响的扩大。他明确提出，主动退还部分庚子赔款，用于

吸纳中国学生赴法留学和工作。

贝熙叶、铎尔孟、莱热（圣琼·佩斯）和他们的中国朋友们，从报告中看到了希望，他们加紧活动，动员一切可以动员的力量，争取早日使"格里莱报告"的建议成为现实。为此，铎尔孟和李石曾专程赴法为中国学生赴法勤工俭学造势，并运作退款。法国政府采纳了"格里莱报告"的主要内容，筹备接待中国留学生的工作。

初到北京的铎尔孟在京师大学堂即后来的北京大学讲授政治学。在此前后，他结交了曾任清晚期国史馆总纂的恽毓鼎等文化名流，和他们一起切磋学问。"直到 1916 年之前的那段时间，我都很深地参与了中国的政治事务，后来我注意到这些人都不能把中国引领向一条进步发展的道路上，于是我就放弃了这个工作，我开始把越来越多的精力放在教育以及建立中法友谊上。"在中法政界游刃有余的铎尔孟很快发现，中国当时的掌权者不能带领国家革故鼎新，于是他"不再与旧政权合作"，而是越来越多地参与中法教育、学术交流事业。

铎尔孟开始把自己沉浸在中国文化教育中，他认为，"希望应该寄托在未来一辈的身上，教育才是救中国最好的办法。"他与李石曾、吴稚晖、蔡元培、贝熙叶、葛兰言、儒班、韩德卫等中法有志之士组织成立"华法教育会""留法勤学会"。后来，他们商定联合起来向法国政府要求，从庚子赔款中抽出部分余款建立"中法大学"，培养留学生，同时由法国驻华使馆在北京成立"法文研究所"，促进文化交流。1920 年，中法大学终于在北京成立。1921 年里昂中法大学海外部也成立了，一批批优秀的学生漂洋过海，为挽救危难的中国而求索、学习。

卢沟桥事变发生后，铎尔孟在法国得到消息后，立即赶回北京。中法大学在沦陷区生存艰难，日本要求中法大学增加日语课程，李麟玉、贝熙叶、铎尔孟几位董事研究后，决定以私立学校为由拒绝日本的要求。但在强权之下并没有坚持很久。1938 年 7 月后终被日本勒令停办。为了保住这所来之不易的大学，校长李麟玉派代表潜行南下准备南迁。1939 年终得如愿迁往昆明，使中法大学得以保存，贝熙叶、铎尔孟、李石曾等人则坚守北京照管校产。

铎尔孟像是一个西方文化的传播者，实际上他已经被那个古老的中国不可救药地征服了。正如《红楼梦》中宝黛相见时的似曾相识，彼时的铎尔孟也在中国找到了真正自己。窗外的世界纷纷扰扰，铎尔孟却始终沉浸在他的文化中国。1931年赴美演出的梅兰芳载誉归来，铎尔孟也在迎接的队伍中。也就是在这段时期，铎尔孟看到了最精湛的中国戏剧。那个文化中国对铎尔孟来说就像是一场梦幻般的《红楼梦》，他就是那个入戏的梦中人。

贝家花园门前中法人文交流基地

铎尔孟与贝熙叶是一生的挚友，铎尔孟仅比贝熙叶小9岁，他们有完全不同的出身背景、性格和机遇，却一见如故。在北京的40多年，贝熙叶俨然像慈父、兄长、挚友，对铎尔孟无微不至地照顾和包容。他们为理

想一起奔波忙碌，有时会冒着生命危险，然而他们没有放弃过。朋友们仍然如期在北京大甜水井胡同 16 号或者在西山贝家花园宽敞温暖的沙龙聚会，彻夜长谈。两个朋友甚至决定在西山买地建坟，长眠于此，在另一个世界也要谈天说地、争论不休。

（二）"汉学家"之家

曾有学者将西方汉学研究分为 3 个阶段，即以《马可·波罗游记》为代表的"游记汉学时期"、1853 年耶稣会传教士入华开启的"传教士汉学时期"以及 1814 年 12 月 11 日在巴黎法兰西学院正式开设汉语课程为标志的"专业汉学时期"。"专业汉学时期"由法国学者雷慕萨开启，经儒莲、沙畹、伯希和等几代人的努力，法国汉学界一直生机勃勃，汉学研究未曾间断。第二次世界大战之前的国际汉学界几乎是法国一统天下。20 世纪 20 年代，留学法国的著名历史学家李思纯一言以蔽之曰："西人之治中国学者，英美不如德，德不如法。"二战期间于北京创办的中法汉学研究所，在法国汉学界乃至整个西方汉学领域，都拥有独特的地位。

实际上，对于法国人而言，中国这个古老的东方世界，一直就是一个美丽的梦境，曾被法国启蒙思想家蒙田、伏尔泰等大力歌颂为东方乌托邦。1851 年雨果在诗中赞美道："来自茶国的处女，在你迷人的梦境里，苍穹是一座城市，而中国是它的郊区。在我们黯淡的巴黎，纯洁的少女，你在寻找你的金色蔚蓝的花园。"汉学总督学白乐桑谈道："好像在汉语汉学方面，法国有一个特殊的气候，跟西欧国家相比，法国一直领跑。这可能跟法国意识形态所特有的一些特征是有关系的。"

抗日战争期间，日本侵略者自 1937 年 7 月 28 日至 1946 年 2 月侵占北平，也就是七七卢沟桥事变之后 3 个星期北平沦陷，在沦陷期间，学术界也笼罩着紧张气氛。铎尔孟也受到日本人的监视，于是他几乎足不出户，在东城区新鲜胡同 24 号的家中闭门读书、潜心治学。据早年与铎尔孟有交往的学者谭熙鸿之子谭伯鲁回忆，那"是一所单独的四合院""庭院有盆景花木，古色古香，正房 3 间是客厅与书房，四壁书架上，多为线装书。用了两个听差（男仆），一口京片子，说流利纯正的北京话。"这个时期，铎尔孟只在星期三出门，被朋友们取绰号"星期三先生"，无论如何每周三的晚上，他都要到贝熙叶家用晚餐，在那里会与朋友们彻夜长谈。这个时期，正是铎尔孟执掌中法汉学研究所的时期。期间，铎尔孟常常在新鲜胡同24号家中，与学生、助理一起工作废寝忘食、通宵达旦。

中法汉学研究所是法国在中国开设的学术研究机构。1941年9月至10月期间，在北平（今北京）东皇城根40号原中法大学礼堂成立，前身为《法文研究月刊》出版委员会，经费主要来自中法庚子赔款余额。该研究所1947年后曾更名为巴黎大学北平汉学研究所，是中法学者直接交流、研究的学术机构。由法国驻京使馆聘请汉学家铎尔孟于1941—1950年间任所长，使馆秘书杜伯秋主管行政。珍珠港事变后，燕京大学停办，该所扩大编制，除原有研究员杨堃（社会学）、曾觉之（法国文学）、傅惜华（俗文学）及法国青年汉学家施来麦、甘茂德外，增聘燕大教授高名凯（语言学）、聂崇歧（历史学）及原燕大引得编纂处职员多人。研究所前期确定的研究方向包括中国民俗学、语言学、考古学等，并且编印中国古籍索引。从创建即开始投入研究工作，直到1953年结束在北京的使命。12年间，该所举办了一系列学术讲座和汉学成果展览，编印出版了一批学术成果，其中包括10多种通检，取得了丰硕的成果，在汉学研究领域做出独特的贡献。

1941年10月22日《新民报》曾撰文详细报道："汉学研究所的成立是为沟通中法两国文化，与巴黎大学中国学院及河内远东学院具有密切关系，研究所所长铎尔孟先生，行政工作由法国大使馆派文化参赞杜伯秋负责，法国方面的学者有施莱默。研究所由中法学者联合组成研究组，重点研究中国民俗学、语言学、考古学和编印中国古籍的索引。研究所很快进入工作状态，在10月下旬已经有来自法国和越南的法籍公费生在该所学习，他们在中法学者指导下继续研究汉学。由燕京大学社会学教授杨堃指导的民俗组已经运行。整个机构充满活力，预示着某种希望。"

二战期间，日本侵略者竭力在日占区灌输日本文化，企图在思想上奴

役中国人。1939 年，铎尔孟与朋友们不顾危险坚持出版《法文研究》，成立中法汉学研究所，开办法文班，学者可以任意借阅英、美、法等国名著。尤其值得一提的是，中法汉学研究所在当时还成为二战期间一批中法学者的避风港，保护与培养了一大批汉学家，使他们得以摆脱日伪的控制，在相对自由的空间继续研究，争取民族解放。

接收燕京大学引得编纂处，就是一个典型的例子。当时在燕京大学引得编纂处从事研究的历史学家张芝联后来回忆说：1941 年 8 月，他考入燕京大学研究院历史系，在编纂处主任历史学家洪煨莲及聂崇岐教授的带领下学习、工作。同年 12 月 7 日，珍珠港事件使日美交恶。第二天，即 12 月 8 日清晨，美国资助的燕大骤然剧变，日军强占燕园，逮捕了包括陆志韦校长、洪业主任在内的 20 多位师生，学校的学习与研究陷入困境。1942 年，刚刚主持中法汉学研究所不久的铎尔孟和杜伯秋将燕大引得编纂处 8 位师生接收进来，组成"通检组"，延续了此前的研究，并出版了前文提到的 10 多种通检。

铎尔孟作为中法大学和北京大学教师，作为中法汉学研究所所长，一直工作到 1954 年。在漫长的岁月里，他潜心研究中国文学特别是古诗词，他与这个历经苦难的国家一同经历了难忘的岁月。1942 年到 1945 年间，张芝联在中法汉学研究所协助铎尔孟工作。他对这位老所长的印象是"资深年老""性情孤僻""白天不大露面，和我约定讨论的时间，总在凌晨两三点钟，经常搞得我疲惫不堪"。

1949 年中华人民共和国成立后，法国驻华总领事雅克列维奇向法国外交部多次提出，要遣返一部分法国人，主动关闭汉学研究所。铎尔孟和汉学研究所的负责人都主张继续留在北京，不愿中断他们的研究。因此，汉学研究所又继续存在将近 3 年之久。1953 年 11 月 9 日，北京中法大学正式停办。紧接着，北京市政府向汉学研究所下达口头通知，令其停止活动。遵照法国外交部的训令，汉学研究的珍贵藏书、资料和数据，转运往巴黎大学。在运完汉学研究所的藏书后，铎尔孟开始运送他自己的个人图书。

在中国 48 年，他最醉心的就是收集中国古籍，如今他的收藏已有 3 万多册。这在铎尔孟看来是弥足珍贵的无价之宝。他在海关装了 34 箱图书，但被海关通知，按规定其中约有一半的图书不能运出关。他写信请法国领事馆将余下的图书转送北京图书馆。

1954 年，铎尔孟 73 岁。按照中国人过去的说法，这个年龄正在"坎"上，受国际国内政治气候的影响，他一手创办的中法汉学研究所西迁巴黎，他自己也踏上了返国的轮船，开启了他全新的人生旅程。

（三）《红楼梦》之梦

巴黎北郊外的华幽梦，是一座建于路易九世时期的修道院，如果换算成中国的年代，则是南宋初年，华幽梦原为法国国王圣路易为其母还愿而修的皇家修道院。1954 年，在华幽梦修道院的铁栅栏门口，有一位名叫安德烈·铎尔孟的老人曾经站在那里，伫立良久，默默徘徊。那时，刚刚大学毕业、来到华幽梦文化基金会工作的伊莎贝拉，站在窗子里面，看见了那位神秘的老人。她听说这位老人刚从中国回到法国，他在中国生活了将近半个世纪。

华幽梦山庄完全不似那些皇家城堡，总喜欢把全部的华丽雍容展现在人们面前，让人因它的宏伟而心生敬意，因它的高大而感到自己的渺小。华幽梦是如此的含蓄、淳朴、幽静，里面的一切如此和谐地融合成一体：灰白色围墙前是一条窄窄的溪流，后面是茂密的参天大树，大树中间影影绰绰地藏着主建筑。仰望着这座气势不凡的修道院，所有来到此地的人们，首先并不是因其高贵的血统和不凡的经历所折服，而仅仅是建筑本身的感染力就足以使一切喧嚣和浮躁平静下来，令人沉浸其中，专注于人与自然、人与内心的对话和交流，这也许是创建者的本意。

1954 年夏天，在从北京返回巴黎的邮轮上，73 岁的铎尔孟接受了一位法国报纸记者的采访。"您在中国待了多久？又为什么在如此高龄返回法国？""48 年，因此你就会明白，我对中国有多深的感情。然而，我所有留在中国的理由，都一个一个破碎了。"除了带回来近千册珍贵中文图书，

他可以说是净身而归。接着他向这位记者倾吐了心声，认为离开自己在北京所创建的事业，自己的生命将变得毫无意义。然而，令他始料不及的是，在遥远的巴黎，他一生钟爱并曾品读过无数遍的那部天才的、又是精心构撰的巨作《红楼梦》正在等待着他。

孑然一身回到巴黎的铎尔孟是孤单的，他没有家庭，没有亲人，他回到法国的时候，几乎没有朋友前去迎接他，在外晃荡数月后，还是在其老友前驻法武官唐在复之女唐珊贞小姐的帮助下，住进了距巴黎45千米的华幽梦。当时的华幽梦，几经辗转，成为慈善家亨利·顾安夫妇的财产。他们将这里辟成基金会，用以资助年轻艺术家。根据历史记载，路易九世是最早启动中法两国交往的法国国王，南宋淳祐五年（1245年），他派使东来，希望与蒙古结盟，而大半生致力于中法文化交流的铎尔孟住进的正是以这位国王的名字命名的圣·路易卧室，不能不说是命中注定。顾安夫妇对铎尔孟十分敬重，免费为铎尔孟提供住宿，还为他专门辟出一个书房，用以安置他带回的图书。不久，来拜访者络绎不绝，铎尔孟学识渊博，见多识广，且性情诙谐，来宾深为铎尔孟所描述的神秘国家所吸引，致使华幽梦几年内车水马龙。10年之后的1965年初春，这位老人的一生就是在这座修道院里走到了尽头。

"喜荣华正好，恨无常又到，眼睁睁看着把万事全抛。"临死之前，铎尔孟把早就拟好的遗嘱交给热韦娜，她是贝熙叶的大女儿，也是一位医生。"我已经年过八十，身体表面上看仍然健康，头脑完全清醒，但我希望离开此世，为此，我预先准备好遗愿。烦请基金会主任阿兰·克雷斯佩尔先生（伊莎贝拉的丈夫）严格执行我的意愿。我不要安葬，不要任何形式的葬礼。我的遗体应交给医学院的学生们。医学院的负责人可以自行决定对我遗体的处理办法。我的死亡只有在我遗体被解剖后才能通知亲友。死后不做任何报道、宣扬。凡是信封上正式注明'销毁'字样的信件必须立即全部销毁，任何人不得了解信的内容。全部书稿、资料，请唐珊贞小姐整理后赠送给华幽梦国际文化中心；所有用诗写成的日记和记事本，全部销毁，片纸不留，我不想在这个俗世上留下关于我的充满诗意探险的任何有形痕迹。"17 年后，他的名字出现在一部中国经典小说的法译本上，那是古代中国最精彩的小说之一《红楼梦》，法文版校审者的位置写着安德烈·铎尔孟。这位亲历半个世纪中国历史的法国学者，在华幽梦把生命最后的 10 年奉献给《红楼梦》之后，溘然长逝。

2002 年，中国知名作家、时任中国现代文学馆馆长的舒乙先生，也是《红楼梦》法文版翻译李治华的朋友，在李治华家中，取回了《红楼梦》法译手稿 12 大册，重约 30 斤，共有 4231 页稿纸。这些稿纸上，饱含着李治华、雅歌夫妇和铎尔孟 3 人历时 27 年的辛劳和智慧。如今这些稿纸静静地躺在位于北京朝阳区文学馆路芍药居附近的现代文学馆里。看到这部手稿的人，无不为译文上那密密麻麻的校改所震撼。舒乙先生说："当我看到这部手稿的时候，我发现了一个奇特的现象，就是原中法大学的学生、《红楼梦》法文版的翻译者李治华和他的夫人雅克琳·阿蕾扎艺思（中文名为雅歌）翻译的稿子是打印稿，打印稿上密密层层的小字就是铎尔孟留下的。铎尔孟住进华幽梦之后，李治华就请铎尔孟这位兼通中西学的学者从事关键的审校工作，实际上就是和铎尔孟一起再重新翻译一遍。"因此，我们才会看到打印稿上面那些密密麻麻的校改。1954 年 11 月，当年已经在巴黎东方语言大学任教的李治华，接到联合国教科文组织的工作任务，把《红楼梦》翻译成法文版，但根据要求，必须有一位精通中文的法国资深学者担任校译，李治华想到了刚刚从中国回来的恩师铎尔孟。铎尔孟的到来，适逢其时，他毫不犹豫地接受了这一历史使命，并且同时承担了法文版《中国古诗词》的审校工作。本已打算进入休息状态的铎尔孟，重新点燃了他"思考的烟斗"。

李治华的到来，使铎尔孟意识到自己与中国的缘分没有了结，那座偏僻的修道院就是他的"中国"，只要关上门，他就回到了"中国"。不久，他就和他的学生李治华开始长达 10 年的每周"星期二之约"，共同翻译中国文学的巨作《红楼梦》。那个被岁月封存的绝美的故事，开始在这座

空寂而巨大的古堡里重新上演。这是铎尔孟坚持的结果，不仅是因为他手中有一本从醇亲王府得来的《石头记》，更因为他与曹雪芹的境遇相似，心意相通，他对红楼梦的理解可谓痛彻心扉。铎尔孟觉得自己和曹雪芹身上有很多相似的地方。曹雪芹是遗腹子，他也至今不知道生父是谁，生母葬于何处。曹雪芹诗词书画无所不精，他也学贯中西，酷爱中外诗词曲赋。曹雪芹淡泊名利，他也主动从政治中心离开，甘于清贫，投身教育、乡村建设和文化交流。在中国数十年，他有意无意地拿曹雪芹自拟，行为处世也或多或少受到他的影响。他要用曹雪芹"字字看来皆是血，十年辛苦不寻常"的精神来翻译《红楼梦》。

这次《红楼梦》的译本，是史无前例的 120 回法语全译本。他和李治华的翻译最大的长处是不仅用词准确，而且意近，特别是铎尔孟都用西方诗歌的亚历山大体来翻译《红楼梦》的诗词，其他译本大多难以望及项背。除了很多艰涩的语句和用典，其中的诗词作为整部小说的灵魂也将其译出，其难度可想而知。但中国古文和古典诗词也正是铎尔孟擅长之处。铎尔孟对中国诗词的喜爱，可以从他的中文名和字里找到印记：铎尔"孟"，字"浩然"。早年间与铎尔孟共事的谭熙鸿（中国现代生物学先驱）这样回忆道："他精读《红楼梦》无数遍，对其中一些文字下过功夫。如他对该书中诗词的理解，以及其中的古代建筑、服装、器具等的名称，应如何译成法文，均一一经过推敲。如果在法文中没有这个适当字句，不能对号入座，应如何用其他词句去代替或派生新字等，均有仔细推敲。"铎尔孟在中国古典诗词方面也造诣很深，在 1962 年先期出版的法文版《中国古诗选》中可得到证明。这部书由法国汉学家戴密微主编，而除了审校，其中所选的多首诗词，都是铎尔孟自己早期的译作，或者是由他主持翻译的作品。比如 20 世纪 40 年代由他主持翻译的《古诗十九首》，最初就是发表于中法汉学所创办的刊物《法国研究》上。

在华幽梦，铎尔孟留给人们的印象是一个孤独、落寞的存在，认识他、了解他的人都觉得他是个"怪人"，性格有些古怪，终身未娶。1965 年接近新年时，铎尔孟已经把《红楼梦》第二遍译文校到第五十回"芦雪庵争联即景诗 暖香坞雅制春灯谜"时。他突然向大家宣布，自己要做的工作已经做完，然后开始闭户卧室，不进饮食。周末，在华幽梦有招待会，新嫁给大总管的伊莎贝拉夫人想到老朋友铎尔孟已经数天未进多少饮食，她上楼敲开老人的门，询问老人是否需要吃点东西。铎尔孟从床上坐起，高兴地说："可以喝点汤吧。"这夜，华幽梦"圣路易卧室"里的这盏长明灯熄灭了，时间是 1965 年 2 月 7 日。第二天上午，人们发现老人已驾鹤仙去，享年 84 岁。

1981 年 11 月，《红楼梦》由法国著名的伽利玛出版社列入法国最负盛名的文学丛书《七星文库》出版。《红楼梦》一经出版，社会上顿时掀起一股"红楼热"，把沉浸在文化自我欣赏中的法国震动了一下。中国古典名著《红楼梦》与法国人心目中的文学巨匠伏尔泰、狄德罗、卢梭、巴尔扎克等人的作品并驾于《七星文库》，一时间各个媒体铺天盖地的报道此起彼伏，巴黎大大小小的书店在醒目的位置上摆放着这套精美的图书。法文版《红楼梦》分为上下两册，鲜红色函套，正面印着一幅大观园的水墨画，侧面是黑色中文字草体书写的"红楼梦"，红黑相衬，既华丽端庄又颇具中国味道，而书脊深蓝色羊皮面上醒目的烫金字"红楼梦"又显示出浓郁的法国味道。

法语全译本《红楼梦》之所以获得学界好评，一个重要原因就是其大量的诗词翻译成果。据李治华所言："如果《红楼梦》诗词的意译能够达到良好的效果，那都是浩然先生的功劳。"除了古语和诗词，翻译《红楼梦》的另一个难点是人名。李治华着手翻译时，人名照惯例采用音译。但铎尔孟则认为应该意译，因为，如果音译，整部《红楼梦》出现的人物有 400 多人，会因同音而出现大量重名。于是，他们决定除历史人物和地名以外，其他人物的名字均采用意译。比如最具代表性的"花袭人"，他们译作"香气突然轻盈而至"。于是，法语全译本《红楼梦》上下卷卷首列出了一二十页的音译、意译人名对照表，别具一格。

　　一本中国译著得到如此关注、如此礼遇、如此热评，完全超越了时空和国别的局限，它揭示了《红楼梦》这部文学著作蕴藏着巨大的文学感染力、穿透力和影响力，为热爱文学的法国人提供了真正接触与了解中国古代博大精深的文学宝库的契机。李治华非常欣慰，与此同时，也更加思念他的恩师铎尔孟。"可惜浩然师已无缘相见了，愿他的名字和这部由他修润的译文得以与世长存吧！"或许是天意抑或是巧合，1981 年 11 月《红楼梦》法译本的问世，正巧是铎尔孟 100 周年诞辰。

　　根据铎尔孟的遗嘱，其从中国带回的书籍都捐赠给尚蒂伊的耶稣会图书馆，后转到里昂市立图书馆。其个人物品，包括其往来书信，其文学创作以及日记全部销毁，遗体用于医学解剖。作为遗嘱执行人，伊莎贝拉夫妇抱着极大的遗憾销毁铎尔孟全部个人物品，而现在铎尔孟在世间连墓地都未留下。就像《红楼梦》诗曰："质本洁来还洁去，"这也正是铎尔孟的写照。不留墓地，但在华幽梦分明保留了这样一幅图画，描绘了北京的西山，在那上面铎尔孟标出了将来墓地的所在，那是他唯一希望长眠的地方。

四、行医考古：在中国找到异国情调的法国谢阁兰诗人医生

在贝家花园的客厅里，还有一位常客，他就是维克多·谢阁兰（1878—1919）。谢阁兰是法国著名作家，其身份集海军军医、诗人、汉学家、考古学家于一体，同时也是一位行者，一位与中国有着不可磨灭联系的文化探险家。在他短短的41年生命中，有7年的时间是在中国度过的，并深入中国进行了多次旅行。他的行走摈弃了以往游记作家们的纯粹猎奇心理，或同时代其他旅行作家们所常带有欧洲中心主义的殖民者心理，怀抱着一种独特的异域美学观念，从地理深入到文化，从空间延伸到时间。谢阁兰的文学创作汲取多种中国主题和形式，酝酿了其文学上庞大的"想象的中国"体系，同时完善了他"多异之美"为基调的异域情调理论。

谢阁兰来自遥远的欧洲大陆，前来探索紫禁城的秘密。他跋涉于广袤的中国腹地，用脚步触摸它的肌肤；他目睹了一个帝国的消亡，而让另一个帝国在作品中崛起。谢阁兰初到中国的那一年是清宣统元年（1909年）。一年之前，慈禧与光绪皇帝相继离世；两年之后，辛亥革命结束了两千年帝制。在残阳夕照之下，他行经西部，走险蜀道，漂流长江。在风云多变的乱世，他寻找永恒的中国之魂。走，看，写，构成他异域生活的全部。1912年，他以《碑》为名，于北平出版了一部以中国碑文化为灵感的诗集。1913年，以"紫禁城"为象征的小说《勒内·莱斯》初稿形成。1914年，第二次历时数月的南北大穿越使他得以完成中国古代石雕艺术的考察。

1916 年，回到法国，以中国古画为题材的散文诗集《画》问世。1917 年，他重返中国，在南京附近进行南朝古墓考察。1919 年，一战结束前夜，在家乡的密林乌埃尔瓜特，孤寂的生命随着整整一个时代悄然而逝。

（一）帝国之旅

对于西方人来说，中国是"人类生活的另一端"，一种全然不同于西方体验的东方文明。其他伟大的文明，要么如埃及文明、美索不达米亚或前哥伦比亚美洲文明那般已逝，要么原始文明在极端条件下难以幸存而消失；要么如印度文明，因太过近似中华文明而不具备独特性，不足以和西方文明形成强烈的对比。中国则作为无可比拟的强大异质，以其独有的魅力激发出无限丰富想象，且无不映带着神秘奇幻的浪漫色彩。

谢阁兰早年学医并终生以此为业，但其志趣却在文艺和哲学方面。他所处时代的欧洲文坛，象征主义之象牙塔令人窒息，于是谢阁兰利用自己海军医生的身份开始了寻找"异域"、拓建"自我帝国"的旅程。谢阁兰是与中国文化结缘最深的法国作家之一。不同于其他外国作家，谢阁兰来到中国，既不是为了讴歌远离西方文明的牧歌生活，也不是为了以征服者的身份在当时相对落后的封建中国猎奇。他来到中国，是为了深入了解另一种文化，并发现中国文化与西方文化的差异，挖掘这种文化的独特价值，寻找他所谓的"真实中国"。

1878 年 1 月 14 日，维克多·谢阁兰出生于法国西部布列塔尼地区一座军港城市布雷斯特，20 岁考入波尔多海军医学院，获得博士学位成为一名海军军医。他作为海军医生到过许多地方，谢阁兰是个天生的异乡人，一直渴望异国情调，因为他"生来就注定流浪，要看遍世上可看之事，感遍世上可感之情"。谢阁兰在波利尼西亚时曾见过土著文化的困境：西化潮流不仅改变了当地人的生活方式，也摧毁了当地文化。这种文化在谢阁兰看来，比任何古文明或西方文明都更自然、更原始、更具活力。民族同化对谢阁兰来说却有无尽的遗憾。

谢阁兰生命中六分之一的时光都在中国度过，对他来说，中国就是"真实"，代表一种与欧洲截然不同的奇特文化。他的童年伙伴曾到过中国，谢阁兰由此得来对中国的最初印象，并随后对这大陆另一端的文明萌生了无穷的兴趣。清光绪三十四年（1908 年），在海军服役期间，谢阁兰获得一个去中国做见习翻译的机会，这使他异常兴奋，谢阁兰开始在巴黎东方语言学院学习中文，师从著名汉学家沙畹，并成功通过海军见习译员的考试，开启真正踏上寻找"真实中国"之旅。

然而在踏上中国的土地之前，谢阁兰的脑海中已经隐约有了一幅"真实中国"的图景。图景的一部分来自中国的"小玩意"，因为家乡布雷斯特充斥着海船带回来的中国工艺品，所以谢阁兰对中国的印象首先来自实体的、能够触及的东西。图景还有一部分源于中国的古典哲学思想，谢阁兰本人在旅途中最喜欢的读物就是老子的《道德经》。然而当时的中国正处于封建大厦摇摇欲坠之时，旧制度苟延残喘，新制度又尚未诞生，民众更是昏沉度日。谢阁兰在此感受不到一丝他在书中曾读到过的哲学火花。图景的最后一部分，也是最为抽象的部分，来自曾书写中国的作家、旅行家、传教士们。马可·波罗的游记曾激起欧洲对东方的向往，中国完全是个想象中的国度。启蒙时期的智者们将中国拉近，渐渐揭开她乌托邦的面纱，却仍带着想象的色彩。

清宣统元年（1909 年）3 月，谢阁兰以海军见习译员的身份接受了远征中国的任命。几个月前结识的新朋友奥古斯都·吉尔贝·德·瓦赞对谢阁兰首次中国之旅起到了决定性的作用，因为瓦赞允诺资助生活并不宽裕的谢阁兰，并且一起去中国腹地进行一次壮游。谢阁兰在中国进行过 3 次考古探险。

清宣统元年（1909 年），他以驻华见习译员的身份与友人瓦赞一同出行。那是一次由北京至四川的私人旅行，沿长江返程。1914 年，仍然是和瓦赞一起，在法国使馆的资助下，谢阁兰还携同伴让·拉蒂格与其他学者完成了一次官派的关于汉代丧葬的考古任务，历经河南、陕西、四川、云南到达了西藏的边界，发现了霍去病墓"马踏匈奴"的石雕，并根据这次考察

写出了《中国西部考古记》，可谓成果丰厚。由于法国一战期间在华征工，1917 年，他得以旅居南京附近地区，完成了最后一次考察。此次他重点考察了南京、江苏丹阳一带的古陵墓——南朝石刻，《中国——伟大的雕塑艺术》一书便是这一考古阅历的文学成果。但我们会看到，中国的雕塑艺术实际贯穿了谢阁兰的全部作品。

谢阁兰的中国旅途是脚踏实地的"出征"，他用徒步和骡马的方式两次横穿半个中国，深入到中国西部，直达西藏边界。如果说第一次探险使谢阁兰在一个相当广博的地缘政治观念中了解到作为他者文化的中国，那么第二次被称作"大对角线"的考古远征，则使他深入探索到古代的中国：绘制汉古城图，考证从周到唐的诸皇陵，发掘四川崖墓，发现汉代大型石碑墓刻，探寻秦始皇陵墓等。在体验中国艺术形式多样性的同时，谢阁兰的空间探险也是探寻中国文化源头的时间探险，从根源上感受他者文化绝对且神秘的价值。

1909 年 4 月 24 日，谢阁兰在马赛登上客轮，第一次前往中国。他在沿途的停靠港寻找遥远的东方文明的痕迹，也发现了西方文明无处不在。谢阁兰到达的第一座中国城市是香港，香港是谢阁兰对中国的第一印象，这一初体验夹杂着对其优美异域风情魅力的赞叹和为其殖民统治的遗憾。"香港真是个光彩夺目的事物。这是中国的第一个影像"。尽管为英国占领，这仍是中国的土地。"光彩夺目"是因为尽管到处都渗透着英国人的灵巧，但香港没有脱离根源文化。之后谢阁兰又先后抵达上海、苏州、南京、汉口等地，继续寻找"真实的中国"。

1909 年 5 月 28 日，谢阁兰抵达上海。他不爱上海的"国际化"风格，这些对于他来说是被西化的景象，不足以具备产生异域情调的差异感。他并没有参观考古遗址，而是去了耶稣会建立的教会区。教会区距市区不远，位于徐家汇集镇。自 19 世纪中叶起，耶稣会在此地营造了一处建筑群，其中最为著名的是徐家汇观象台，亦有藏书楼一座。1909 年，谢阁兰多半并未在藏书楼中进行过工作。但 1917 年 4 月他曾重来此地，据他所写，是为了"探寻《汉学杂编》",他所参阅的乃是徐家汇耶稣会的传教士自19世纪末以来完成的一系列科学出版物。

1909 年 6 月 3 日,标志着谢阁兰首次踏访中国古迹。所去处为明朝开国皇帝——明太祖洪武帝之陵墓,位于南京附近。之后,谢阁兰曾两次重访明孝陵,先是于 1910 年 1 月 25 日,第一次考察之旅期间,他发觉"优美的动物雕像"已被"关进笼子"。当时的石像被高高的护栏围起,阻碍了人们的视线;再次来访则是 1917 年 3 月 16 日,距他最终离开中国仅有几个月的时间。这几次寻访形成了一本从未出版的作品《洪武陵》。如他为明孝陵绘制的鸟瞰图中所呈现的一般,谢阁兰那时已掌握了中国陵墓的排布结构。这种被他命名为"宏伟性"的排布结构保证了陵墓的"功能性"特征。

漫步于明孝陵,谢阁兰领会到又一种核心美学特征,在他看来,正是这一美学统辖着守墓的石像。他发觉,过于靠近石像时,其力量竟会减弱,于是自问:"岂不是应该始终正视前方吗?"从而领悟到,访客只有沿神道步行前进,才能赋予石像动态,令它们臻于美学的完满。由是,他发展出"合奏性"的概念,借此定义一种动态的艺术,一种石像所投身的舞蹈,以访客与其相遇时前进的步履为节奏,而访客才是真正的领队。碑体诗《行进的命令》赞颂了这一合奏性。

随着谢阁兰的旅途逐渐深入中国的腹地,不断接近北京,他对中国文化的美学感知也越来越具体:越是古老的就越是美丽。所以他热爱瓷器、古董小玩意以及南京城郊古老又衰败的皇陵。他批评殖民主义,尤其痛恨在中国的土地上清除历史的传教士们。从香港、上海、苏州、南京,直到汉口,每一次谢阁兰都期待看到"真实中国",但外国势力的渗透带来更多的是同化,而非差异。1909 年 6 月 12 日,谢阁兰到达北京。

(二)中国"故乡"

北京城的历史可以与西方的罗马或拜占庭相比,上溯 3000 年建城史,至今没有中断。明永乐十九年(1421 年),永乐帝朱棣定都北京,开启了

北京作为明清两代近五百年帝都的历史。北京不仅是中国的历史文化名城，也是世界文明史上最壮丽的文化奇迹。北京拥有举世闻名的紫禁城、金碧辉煌的牌楼庙宇，有数以千计的胡同、风格独特的四合院，还有皇城文化孕育出的帝京臣民。帝国的统治中心是封建文化的空间组合和立体形态，充分体现了发端于周代的中国礼文化的规则：均衡，对称，威仪，尊卑有序，等级森严。帝王的尊贵和威仪是北京城市建设的灵魂与主宰。宏大的帝王气概，森严的制度等级，方正严谨的城市布局，成为古都建筑文化的基本特点。万里长城、皇宫建筑、皇家陵园、祭祀场所，帝王的尊贵与威仪，历史的悠长与积淀无不从这凝结着一座城市历史文化的建筑物中得到充分体现。

从平面布局来看，当年谢阁兰所看到的北京城呈"凸"字形结构。外城包着内城的南面，内城包着皇城，皇城又包着紫禁城。从外城到紫禁城，城墙外盘踞着又宽又深的护城河。天子所居之处是全城的中心，处在层层拱卫之中。城的四周还布以天、地、日、月坛，暗嵌紫禁城为宇宙中心之意。北京城的布局满含"中心""平衡"的用意，恰与谢阁兰所熟悉的中国儒家哲学的"中庸"和道家哲学的"整体、和谐、平衡"相吻合，简直就是其心目中"真实中国"的建筑体现。在他眼里，北京才是中国，被他骄傲地称作"我的城市"。他在写给妻子的信中说："亲爱的，北京终于到了。北京，我的城市。我生来就是为了漂泊，无疑这一行动将会从远东开始。昨天，我结识了我的都城。纯净的天空中，金色的阳光将它炽热的光彩熔到紫禁城周围金黄的屋顶上。禁宫深处，透过红砖褐瓦的城墙，高耸着神秘的凉亭、优美的阁楼。"

谢阁兰在相当于现在天安门广场的东部，租了一座四合院，开始享受他一直追求的异国情调。他写信给妻子说："亲爱的，我很中意北京。房子位于内城，首先，红漆大门，朝着大路，门上是飞檐瓦顶。第一进天井里，第二扇门更大；两个门扇上贴着古旧的画，画了两尊保平安的门神，还有一些吉祥的字。这扇门朝着里面的花园天井开。园中有四棵大树，还有一些蓝色的盆栽，这是个小花园。我买了一本装帧精美的《道德经》。每晚6点半到8点，我喜欢沿着紫禁城的城墙散步。""我觉得它比我至今为止在中国所找到的一切都热情得多。形象、行人、寺庙、屋檐，都是那么多姿多彩。"

谢阁兰去天津的领事馆拜访了他神交已久的法国诗人、剧作家、外交家保尔·克洛岱尔，谢阁兰将克洛岱尔视作少数可以畅聊中国文化的人。谢阁兰非常仰慕克洛岱尔，几年后把诗集《碑》题献给了他。"在中国主要是应该找到无法估量的东西：就是永远地感受中国艺术。人们在法国可以收集到大量器物，可以在这上面变得很博学，但却矫揉造作，因为他们没有在这儿生活过。"要描写、评论一个国家，就必须在这个国家感受生活。

于是谢阁兰开始感受生活。最初是游街串巷，然后他的好奇心渐行渐远，骑马至郊外探访古迹。"有时，生活在中国是奇妙的，因为人们在那里与逝去的上千年频繁接触。很明显，北京的这些车是模仿汉朝的车，这些车辆的形状与摇篮式的车篷也是。最可笑的是，在真实生活中，你频繁接触的服装和人物就像来自壁画、地毯、图画和花瓶似的。"在北京旅居期间，他几乎一一验证了自己对于"真实中国"的想象。其后，谢阁兰作为志愿者医生参与山海关的疫病防治，在天津医学院担任教师，并游历西方人足迹罕至的中国西北地区，对北京城的这种偏爱和赞叹却贯穿始终，更生思念。

带着汉学家的热情和考古学家的严谨，谢阁兰用摄影捕捉他在中国的发现：庄严高贵的天坛，乡土气息的地坛、雕刻精美的碧云寺等。1909年7月5日，谢阁兰与好友瓦赞同游了北京城，天坛和先农坛则令谢阁兰赞叹不已、灵感涌现。他们第一次去北京的西山游玩，参观了佛庙碧云寺和香山。他在信中说："那仿佛是经历了一场完整的幻境，却并不神化，反倒充满了人性。""一大群比真人还大的罗汉，竟有五百尊之多！红红的脑颅，镀金的肩，嘴或笑或绷，手则做出五百个不同的动作，仿佛经历了一场完整的幻境。"他流连于北京的各处，天坛、先农坛、明十三陵、清

西陵等古迹都是他创作的灵感之源；尤其是紫禁城，对于谢阁兰来说就像是一个不可掌握的迷宫，他企图寻找一个入口却始终不得入内，里面的一切都是未知，神秘莫测而摄人心魂。

谢阁兰将北京城作为"真实中国"的体现，将北京城与中国的其他地域区分开来，除了其历史因素之外，最主要是因为其皇权色彩浓厚。因为是皇室驻地，"北京的城门和城墙一样，都真正是最宏伟的建筑"；所以在街上能找到全国各地汇聚而来的商品；尽管清王朝虚弱无力，却能将外国势力拒之城外，得以保存谢阁兰的"真实中国"。皇权色彩浓厚，最重要的是北京城里住着一位不可或缺的"真实中国"的形象代表即天子。

在担任天津医学院教师之后，北京和天津这两座城市的对比增添了谢阁兰的思"乡"之情。他每周乘 3 个小时的火车从天津返回北京，寻找心灵上的慰藉。"我当然怀念在北京居住的日子，怀念那座绝对皇族的城市，怀念我的小屋。天津的居住条件明显更舒适，却是一幅染上美式风格的粗俗的欧洲漫画。""只有北京，无与伦比的美丽的北京。"远离了他的"真实中国"，谢阁兰自觉像灯塔的守卫者一般孤独。

紫禁城无法进入，他决定拜访死去的皇帝。清宣统元年（1909 年）7月 30 日，他乘坐了 3 个小时的火车，再骑马来到明十三陵。就在这里，奇迹发生了，长期对皇帝的迷恋转化为一个文学灵感：自己就是皇帝。清西陵和明十三陵之旅对谢阁兰的创作起到了决定性的作用。他当时草就的一些随笔散文后被加工为诗，收录在诗集《碑》中。并且就在参观期间，谢阁兰第一部关于中国的书《天子》的主人公诞生了。在旅行笔记《砖与瓦》以及他给妻子写的信中，谢阁兰写道："我就是皇帝"，并用红色铅笔圈起。

我是皇帝
我选择我的墓地
放眼所及，此处山川美妙
这块天地将是我的

　　　　我的墓穴浑然一体

　　　　无隙可入

　　　我的坟，我最后的卧榻

　　　就挖掘这墓穴的心脏

　　　　我进入

　　　　　就位

（三）异域之诗

　　作为一名法国海军的军医，谢阁兰曾旅居大洋洲，并在中国度过了他整个生命的"六分之一"，而他"中国主题"的文学作品基本上都是此期间或酝酿或完成的：小说《天子》《勒内·莱斯》，诗集《碑》《颂》《西藏》，散文集《画》《出征》《中国——伟大的雕塑艺术》等，这些文学作品字里行间都渗透着中国文化的养分。

　　此时，谢阁兰全家住在北京内城一个传统的中式宅院，离使馆租界很远。他的书房也在那里，起名为"瓷室"。谢阁兰在那里撰写小说《天子》，随后又在清宣统二年（1910年）末开始了诗集《碑》的创作。之前，谢阁兰曾在汉学杂志上读到过一篇研究西安"大秦景教流行中国碑"以及中国石碑的起源和用途的文章。受其启发，谢阁兰写了一篇名为《中国时刻》的文章，并萌发了创作新诗体的念头："这些散文诗，即'碑体诗'，除极个别外，他们并非出自单纯的翻译。中国石碑的铭文往往是一整套的虚文：朝代的颂歌、佛教还愿、皇帝对民众的告示、劝民众向善等。我借用的仅仅是碑的象征功能，而不是它的神性或内容。在中国，我苦苦追寻的不是想法，也不是主题，而是形式，尽管形式是多样、不为人所熟识、高高在上的。在我看来，碑的形式有可能成为一种新的文学样式——我已经做出些许尝试，即一篇短小的文字，它由一个长方形的框子包围着，面对面地呈现给读者。……我只是借用了'碑'的形式，抒发了自己的情感。"

　　清宣统三年（1911年），谢阁兰完成了海军见习译员的工作，在其即

将启程返回法国的几个月前，他接受了天津皇家医学院的聘任。当年4月，本来应该回国的谢阁兰却想方设法拖延自己的回国时间。正在他一筹莫展的时候，一个悲剧性的消息给了他继续留在中国的机会。北洋医学堂首席教授在哈尔滨突然死去。原来，哈尔滨一个月前暴发瘟疫，死亡人数从几人迅速上升到每天50人，并一路向长春、沈阳汹涌而来。1911年1月5日，法国医生梅尼前去防疫，却死于鼠疫。清政府下令铁路沿途各站对旅客进行隔离审查。1月28日，谢阁兰主动向法国公使馆请求，赴东北防治鼠疫。他自愿去到距离北京400千米的山海关，在那里负责对所有进入关内的人检查身体，参与东北扑灭鼠疫的斗争。一个月后他被派往天津大沽镇，负责隔离、检疫从东北经海路抵达的旅客。不久，哈尔滨举行了一场大规模的火葬，死亡人数迅速下降。1911年3月1日，哈尔滨防疫总部收到最后一例死亡报告，瘟疫宣告结束。

1911年5月初，谢阁兰举家前往天津，任教于天津皇家医学院，用英语讲授心理学。"我的生活分成了两部分。从早上十点到下午五点，我是教师，是受雇于政府机构的凡夫俗子。余下的时间才是属于我自己的。"谢阁兰把所有工作以外的时间都用来创作《碑》及其前言。

"现在和你们说这个也是无益，但我是真的全心全意拥护皇朝。这并不是因为我喜欢满洲人，而是因为令人赞叹的'天子'的虚构不能就这样被遗弃。那将是怎样的空白啊。"谢阁兰始终保持着艺术家的心态，没有丝毫政治远见。面对中国翻天覆地的新变化，他紧紧地抓着"理想国"的神话，绝望却不顾一切，因为在他看来，帝制传承是给他带来无限灵感的中华文明不可分割的一部分。"现在我只能回忆过去。"

1912年，谢阁兰梦幻里的紫禁城顷刻间变得空洞起来，他感到前所未有的寂寞和悲哀。谢阁兰决定用诗歌重建心中覆灭的帝国。正是在这样的环境条件下，谢阁兰筹备了《碑》的出版，其发行量很小。诗集将在北京北堂印书馆出版，其装帧设计、版面编排都符合珍本收藏的条件。4月1日，谢阁兰将手稿交付印刷。6月，谢阁兰修改了小说《天子》的手稿，并开始创作《大河》以及散文集《画》。8 月 13 日，诗集《碑》出版。从纸张选择到印刷样本，包括书法字体及印章油墨，谢阁兰都做了精心设计，并亲自监制。此书采用了中国传统的收录金石拓片的连缀册页形式，可以犹如手风琴一般拉伸，书页单面印刷，开本按西安著名石碑《大秦景教流行中国碑》的长宽比例缩小而成，樟木制封面上系着黄色丝带；封面刻有中文标题"古今碑录"，漆绿色。首版有 81 册印刷样本，采用高丽供纸，主要用于馈赠朋友、作家及政要名人，81 是北京天坛圜丘上层最外环石板的数量，帝王神圣数字 9 乘以自身而得。另有 200 册羊皮纸板，但均不用于出售。

该书出版的一年前，谢阁兰曾去西北考察古迹，旅途中，他在西安碑林找到强烈的异国情调。他到有 11000 多座碑的西安碑林去朝圣，从《大秦景教流行中国碑》得到灵感，碑上只有文字，文字用石头来固定，这个东西在他看来是天然的一个文学样式。这种艺术表现形式十分简洁，可以把一首诗非常视觉化地呈现在一块石头上。他欣喜若狂，于是他决定为皇帝写首诗。诗歌模仿碑的形式，右上角铭文是汉语，碑身为法文。这是一个文人为心中的帝国所能做出的最后努力。

君王啊，纵乐的君王
您的灭亡已被宣告
想想帝国，想想自己吧！
君王说：够了！恶毒的预言！
我之于帝国如同太阳之于天空。
谁能去摘太阳？
太阳落了，我才会落。
纵乐的帝国不会陨落。

愿此碑不标示任何朝代：

> 不是创业的夏、立法的周，
>
> 不是汉、唐、宋、元和大明，
>
> 不是我热诚侍奉的清白的清，
>
> 也不是因荣耀而成为光绪的清朝末年。
>
> 而是这无年代、无尽期、无法形诸文字的独特纪元，
>
> 每人都在自身建立它，并向它致敬，
>
> 当自己成为贤哲、于心灵宝座上摄政的那个黎明。

谢阁兰在诗歌中复活了他心中的盛世中国，在诗中让他心中的帝王天子获得永恒。1912 年 3 月，谢阁兰向法国驻华公使馆提议，在北京创立中国艺术图书馆和博物馆。谢阁兰为了能在北京为那些古代艺术找到一席安身之地，他甚至梦想在紫禁城建立艺术博物馆。

1913 年，谢阁兰 35 岁。羁旅中国的他在《异域情调论——一种多异美学》中写下了对世界的忧虑："我三十五岁了，生命只走了一半，却已看到与世隔绝的极地有了人的足迹；还将看到巴拿马运河的开通，塔希提岛靠向世界的中心……"世界缩小，异域趋近，随之而来的，是"异"的淡化。而"异"之感知，在谢阁兰眼中，恰是生命活力的重要源头。来中国，谢阁兰寻找的不是猎奇，而是一种新的观念：面对世界的"多异"观看。他以尼采激情阅读道家智慧，在"上帝死了"的时代，在东方，寻找生命潜能。他本愿以漫长人生追寻这生命之强力，却过早地，在一战的硝烟中，在布列塔尼的家乡，与古老的东方帝国和古老的欧洲大陆共同消殒。

1916 年底，谢阁兰最后一次来到中国，是为参加第一次世界大战的劳工进行体检。当时，第一次世界大战席卷欧洲，死伤数百万。法国青壮年男人都奔赴前线，制造军火、清理战场急需人手。于是法国政府迫切希望从中国招募劳工。两个月后，谢阁兰带着 1300 名体检合格的华工，乘船回到法国。他说："中国，对我来说已经结束。我越来越把自己与她分开，撤退，逃走。"然而，谢阁兰把中国写进了他的小说《勒内·莱斯》《天子》，散文《西藏》《砖与瓦》，学术著作《中国，伟大的雕塑》《异国情调论———一种多异美学》等作品。在他的书中，皇帝只是中国文化的一种象征。1919 年谢阁兰在故乡去世时年仅 41 岁，默默无闻，但多年以后，他的作品陆续出版，因为关于中国的杰出描述而成为法兰西文学经典，他的灵感来源和精神故乡都是中国。

他没有看到历史新的出发点。但历史记住了他。百年前时代嬗变之痛，百年后余波犹存。百年前，谢阁兰从中国文明与大地中获得异域的精神养分与创作灵感，百年后，在 21 世纪的中国，如何面对谢阁兰，如何在其思想与创作中，在我们的"异域"中获得属于我们时代的启示。

第二章 北京西山中法缘：
勤以做工 俭以求学

　　中国和法国是两个古老而常新的国度，两个自强且自信的民族。有一种友谊，叫中法友谊。超越国度的友谊、动人的往事无论时间过去多久，依然还会让人铭记于心，如那些胸怀救国理想的青年曾远赴法国勤工俭学，开辟自行车"驼峰航线"、把宝贵的药品运往中国抗日根据地的法国医生，在近现代史上，北京海淀区西山管家岭一带，多位中法历史名人为中法文化交流曾书写过浓墨重彩的篇章。

一、中法大学：西山孕育的中法大学

（一）中法大学选址

北京西山属太行山余脉，"强形巨势，争奇拥翠，云从星拱，于皇都之右。每大雪初霁，千峰万壑，积素凝华，若图画然"。西山有金章宗游历的"西山八院"，有明清两代众多的皇家寺院，还有清代皇家园林三山（万寿山、香山、玉泉山）五园（畅春园、颐和园、圆明园、静宜园、静明园）。香山地处西山东麓，山灵水秀。碧云寺在香山静宜园北侧，创建于元朝至顺二年（1331 年），初名碧云庵，明代两次被选为太监的百年墓地。清乾隆年间，乾隆皇帝修建碧云寺。因为乾隆崇奉藏传佛教，他扩建碧云寺时在寺后建起一座金刚宝座塔，成为碧云寺的重要标志。寺坐西朝东，占地 4000 多平方米，依山而建，殿宇错落有致。中路共有六进院落，山门、弥勒殿、释迦牟尼殿、菩萨殿、中山堂、金刚宝座塔坐落于中轴线上，左右有配殿、厢房等建筑。寺南侧有罗汉堂，寺北侧有水泉院。

香山美丽的自然环境以及丰富的人文景观是兴办教育的理想之地。李石曾说："吾意以为学校宜设于郊外风景之区，以天然之美丽为精神与生理之修养，以代假期之游艺，即可经济，且较于城市中以重价得之者尤为适当……其法实行，可节省时间，复可养成健全社会之人格。"1912 年，李石曾、吴稚晖等人在北京发起、成立了留法俭学会，并在北京西山碧云寺开办法文预备学校、孔德学校，在上海也设立了法文预备学校。

碧云寺侧殿

碧云寺碑亭

碧云寺的菩萨殿

碧云寺水泉院侧门

碧云寺大雄宝殿

金刚宝座塔

山门殿

影壁八仙过海

碧云寺建立法文预备学校、生物研究所、西山天然疗养院，直到中法大学文学科成

立，都是暂时租借碧云寺的庙产——大雄宝殿、善明妙觉殿前的配殿和廊庑以及水泉院闲置的房屋，碧云寺的正殿、罗汉堂院等仍由住在寺内的僧人管理使用。碧云寺"因年久失修，堂殿坍塌，破漏已极"，亟须修缮。当时寺内只有出租房舍的一点微薄收入，不足以支付对寺院殿堂进行修缮的巨额资金，住持聚林便召集各界热心的文化人士，在 1918 年成立了碧云寺维持会，希冀在维持会的号召之下，得到热心公益事业的慈善家赞助，能够把碧云寺重新整修一番。但是，整修的费用浩大，一时难以筹集足够的资金。聚林和维持会出面找李石曾商量，想让中法大学承担修缮费用，而碧云寺的全部庙产归中法大学管理，既达到修理殿堂的目的，又满足了李石曾西山办学的愿望。1922 年 5 月 8 日，聚林与李石曾正式签约，蔡元培、顾孟余作为见证人也在协约上签了字，并送步军统领衙门、京兆尹公署和宛平县政府备案。

1918 年 10 月 20 日，中法协进会在北京江西会馆召开成立大会，蔡元培与法国人铎尔孟致辞，法国公使伯卜及中国官员梁士诒等到会演说。中法协进会"由中法两国人士所组织，志在谋两国文化上、实业上之提携"。其主要负责人依旧是蔡元培、李石曾等人。具体工作人员，基本上是华法教育会的原班人马，如李大钊、谭熙鸿、段子均等。"与原华法教育会不同的是，中法协进会的重要决策须征求中国政府教育部或法国驻华公使馆的认可。所以，中法协进会不像华法教育会纯系民间团体的性质，而是加入了一些官办的色彩。中法协进会曾经召开过两次重要的会议，会议的直接效果是在北京、上海、保定等地开设了法文专门学校或法文班，并在北京筹办中法大学。而原在北京西山碧云寺的法文预备学校和孔德学校则分别成为中法大学文学院和初等、中等教育的最初萌芽。"

碧云寺西方极乐世界安养道场

（二）中法大学成立

1920年春，由李石曾等人发起，北京大学、广东大学、法国里昂大学代表负责，利用庚子赔款，将西山碧云寺的法文预备学校扩充为文理两科，分甲、乙两部，甲部设在碧云寺，乙部设在山北的金仙寺。甲部是中国学生的学习场所，乙部为中国教员学习法国文化和法国教员研究中国文化而设立，相当于今天的教师进修中心，改称中法大学西山学院。至此，世界社会教育事业所主办之世界大学中的中法大学，才在北京正式成立。同时，广东也成立了中法大学。"中法大学成立后依据中国学制，学习期为四年，学生在北京学习两年后，如成绩合格，则可以被选送到法国，继续学习后两年的课程，而不用再参加留学考试。"同时也参照法国大学区的概念设置，例如法国大学包含大、中、小各校，具有相互衔接的效果。北京中法大学

的大、中、小学各校并立，远及数十里。

（三）里昂中法大学成立

1919年巴黎和会期间，李石曾就法国退还部分庚子赔款进行活动，要求法国退还赔款用于海外大学建设。里昂大学医学院院长雷宾（J.Lepine）建议中方不要等法国退还赔款再筹建海外大学，他指出："退还赔款，不是一朝一夕可以解决，恐怕候款太久，建设中国大学之事，反至无形消失，不如先得一校舍，由中方分担小款，办一雏形，可促成赔款的退还。"校址选择在里昂，在很大程度上是由于法方的建议和安排。早期里昂和中国的文化交流就有很好的基础，因为那儿有丝绸工业，与中国有商业往来。当时的里昂政要，如爱德华·赫里政（EdouardHerriot）市长这样一些有影响的政治家对此表现出极大兴趣，并积极支持在里昂建立海外中国大学。里昂大学校长儒朋（Joubin）指出："与其设大学于巴黎繁华之区，不如创在里昂。里昂之大学分科，及高等专门学校，均尚完备。且附近山冈多荒废兵营，可以借用。" 里昂不仅有一个有利的文化环境，而且高等院校数量众多，学科齐全，市政府又愿意将西郊的圣伊雷内堡拨给学校作为校舍。上述许多因素促成了筹备中的海外中国大学最终选址在里昂。

里昂中法大学筹建之初，考虑到在法国建立高等学校手续极其严谨，中法双方商定拟建的大学不具有普通高校特性，而是依照法国1901年协会法的规定，以"协会"形式为法律基础，于1921年7月正式注册成立"中法大学协会"。1921年7月8日，"协会"举行首次会议，在法国里昂成立中法大学海外部，称为里昂中法大学，成为中法大学海外部的总机关。实际上中法大学是北京中法大学、广东中法大学、海外中法大学三部分的总称。总揽中法大学各项事务的是成立于民国八年（1919年）的中法大学代表团。"1921—1951年的30年间，到里昂中法大学注册的中国学生人数为473名，学习专业以理工科为主。大部分学生获得了高等教育文凭，其中131人获得博士学位，60人获得工程师文凭。他们中的多数学成之后回国工作，不少人后来成为我国科学界、教育界和文化艺术界的中坚力量。"

里昂中法大学作为中法大学的海外部，曾在国民教育、文化交流等方面发挥了独特作用，促进法国学术及文化在中国传播的同时，也向法国人民介绍了中国文化，加深了法国人民对中国的了解。

（四）中法大学的发展历程

1921年，在比利时设立晓露槐工业专修馆。在京西碧云寺成立碧云寺小学。

1923年，在北京西部温泉村成立温泉初级中学及温泉小学各一所。

1924年，设立数学、物理学、化学学科，简称理科，建立孔德学院，以法国哲学大家孔德的名字命名，即中法大学社会科学院。同年，设立温泉女子中学。中法大学的主体部分在香山碧云寺形成，加上城内的哲学科，具备四科。

1925年秋，移文科于北京东皇城根39号，改称服尔德学院。（服尔德，法国著名文学家，生于1694年，卒于1778年，他对中国文化颇为注意，因而以他的名字作为文学院的名称）。理科改称居里学院，（居里为法国化学家，夫妇俩为巴黎大学教授、发明镭质放射物。为理化界开一新纪元。）同年，又将生物研究所改称为陆谟克学院。（陆谟克为法国生物学家。）该院扩充为甲、乙部：甲部设于城内，有生物学讲座与实验室；乙部仍设于西山、并附设农场一所。

1926年1月22日，奉民国第112号指令，正式认可。

1929年在上海成立药学专修科（四年制），聘请医学博士宋悟生任首任教务长。该专修科初期还设有夜校，为一些职业青年提供进修取得学衔的机会。

1930年3月15日，奉国民政府教营部第651号指令，暂准备案。同年，遵照教育部令、停办各学院的预科，改设中法大学附属高级中学，甲、乙、丙三部。

1931年春，成立镭学研究所。同年，九月成立医学院及高级中学、商业专科。同年，又改服尔德学院为文学院、改居里学院为理学院，改陆谟

克学院为医学院、改孔德学院为社会科学院，于同年 12 月由国民政府教育部呈报立案。

1932 年，在北京成立药物研究所。

1933 年，成立理工调查所。同年，教育部令、中法大学改"国立"，中法大学不遵。同年 8 月，教育部令、中法大学撤销社会科学院，中法大学将社会科学院改称为文学分院，仍保留社会科学院原有各学系。

1935 年 3 月，兴建理学院居里楼。同年秋，成立化学工厂、扩充铁工厂、扩充温泉疗养院。

1937 年，燃起抗日烽火。后方师生奔赴前线、抗日根据地和大后方。中法大学在敌寇占据华北的情况下，苦苦支撑，坚持爱国立场，不屈从日寇、不接纳辅导官、不开日语课、不挂太阳旗（日本国旗）。

1938 年夏，终被敌伪 "勒令停办"，附属温泉中学也未能幸免。

1939 年，李麟玉委派周发歧、李秉瑶两位教授绕道越南赴昆明，筹备复课事宜，在昆明建立中法大学附中。

1940 年在昆明南菁中学旧址安排中法大学理学院复课。

1941 年，文学院招收新生也在昆明复课。

1946 年夏，中法大学分别在北平、昆明招生。同年 10 月 19 日，文、理、医三院各系在北平复课。

1948 年秋，中国人民解放战争进入决战阶段。中法同学纷纷奔向解放区，在校学生锐减，师生共同护校，迎接北平解放。

1949 年 1 月，北平解放后，又有不少中法同学离校参加革命工作。同年夏，继续招收新生。

1949 年 10 月 1 日，中华人民共和国成立。不久，中法大学正式由政府接管，仍由李麟玉任校长。在此之前，中法大学的首任校长为蔡元培（从 1920 年到 1930 年），其间，先后曾由李石曾、李书华、李麟玉任代理校长。李麟玉是 1928 年出任代理校长的，从 1931 年担任校长，一直到 1950 年中法大学的终结。

1950年夏，北京中法大学奉命与由解放区迁京的华北大学工学院合并。1950年10月6日，中央人民政府教育部令，中法大学停办，文史系、法文系合并于北京大学。经济系、生物系合并于南开大学。数学系、物理系、化学系合并于华北大学工学院，后定名为北京工业学院，即今天的北京理工大学。至此，开办了30余年的私立中法大学正式结束。

（五）北京中法大学旧址

北京中法大学本部位于北京东城区东皇城根北街甲20号（原门牌号为东皇城根39号）。这个院落修建在旧皇城东墙旧址上，坐东朝西，以中式传统风格大门遮蔽院落中西合璧的校舍。校舍先后由留法归国建筑师彭济群和汪申伯所设计，汪申伯当时任法文系主任，后来还曾任北京市的工务局长，成为中法建筑理念相融合的结晶。今天，中法大学旧址在经历无数历史风霜之后依然矗立于此，成为北京市一处重要的历史文化遗存，成为中法文化交流恒久不变的印记。这处校园坐东朝西，分为北部校部和南部教学主楼。北部校部利用的是前清理藩部的旧有官署建筑，在原本弘敞的建筑基础上又加以改扩建，使其更为壮观。校门为中式硬山顶建筑，两侧带八字墙，面阔三间，广亮大门。门内对应着大门的是一座硬山屋顶的二层楼房，楼立面饰以清水砖墙为主，主入口在西山墙处，这是学校的礼堂兼图书馆。礼堂主入口连接前有三间抱厦、面阔十一间的连房，这是利用原理藩部的大堂改扩建而成的。校园的南边是一栋中西建用房，走廊的南北尽端各有一次入口，次入口的东侧是楼梯间。主教学楼的正立面造型采用的是西方古典主义风格，纵向分为五段，上下则为三段式。楼筑风格合璧、砖混结构的三层教学楼，整体沿着街面南北延展开，总长78.48米，宽21.54米，总建筑面积5414平方米。楼体采用对称式布局，正中为牌坊式、上覆琉璃瓦的临街大门。进入门厅后，是平行双分式楼梯，中央走廊的两侧分布着教学和办公主体部分接以围墙，楼顶檐以中式小披檐装饰，体现出中式风格与砖混结构相结合的美感。

东皇城根北街甲 20 号原中法大学旧址

（六）中法大学与法国的渊源

北京中法大学以自然科学为基础，采用中法儒者陶渊明、卢梭等人的主张，将教育接近自然，同时也突出自然科学的重要性，树立"于高深及应用学术，皆以自然科学为基础"的思想。

中法大学为私立学校，经费来源于两项基金的存款利息、中国付给法国的庚子赔款补助费、学生所交之学费、临时捐款，据北京中法大学 1931 年《学校收支金额及项目表》所载，"学校的经费收入为 680,894.00 元。经费的来源包括以下四项：一是息金 70,000.00 元；二是学费 10,894.00 元；三是补助费（来自中法基金之息金）45,000.00 元；四是法国庚子赔款补助费 150,000.00 元。"北京中法大学的这一经费远远高于当时国内的其他私立大学（不包括教会大学）。借助源源不断学成归国的留法学人，以及北京大学的学术资源和后来法国退还的部分庚子赔款，中法大学很快发展为设备先进、学科齐全、经费充足的国内知名大学之一。在学制上，北京中法大学一方面依据中国学制，同时又受法国大学区制的影响，大学不只限于高等教育，大学兼管中小学，中法大学就涵盖了从幼稚园、中学，到大学、研究院各层次教育，法国里昂中法大学则是其海外部。李石曾素有领导教育界的宏愿，曾明确指出："法国大学分为十七学区，每区有一大学，即包含文理医法等科与中小学，此即中法大学所欲采其长以行之者。"于此言之，不仅关于一校，在他看来，法国的大学区制度是最完美的教育制度，他之所以在北京大学之外另起炉灶，无疑是想开始进行独立试验，为将来的教育改革做准备。

北京市文物保护单位
原中法大学

中法大学旧址 原教室

中法大学旧址
原教室

原中法大学
教室内景

原中法大学
旧址介绍

　　北京中法大学附属的中小学部是大学的一个有机组成部分，完全纳入大学的管理之下。根据《北京中法大学章程》规定，中小学部各校设主任一人，由校长聘请，代理校长主持校务；各中小学的教务主任、教员、监学、事务员也均由主任推荐，校长聘请。"北京中法大学的校长不但负责大学事务，同时也全权负责各中小学事务，这与当时国内一些大学附设的中小学是有所不同的，充分体现了法国大学区制的精神。"中法大学兼采中法两国学制之长，体现了中外文化交流融合的精神。李石曾先生曾提出四点教育观。1. 俭学与工学相结合。2. 学理与实用相结合。3. 身体力行、兼全并重。4. 以天然优美的环境与工作，代替学校之假期与游艺。中法大学的办学方法为：严谨、求实、科学、民主；兼容并包、兼全并重；教学与育人并重，强调素质教育；艰苦创业、勤工俭学，要求学用结合，为社会服务。

　　北京中法大学作为近代中法文化交流的产物，除为我国培养学术方面的研究人才之外，反过来也积极致力于促进中法两国的文化交流。《北京中法大学组织大纲》第一条开宗明义就提出"本大学以研究高深学术养成专门人才，沟通中西文化为宗旨"。

　　北京中法大学由于经费比较充裕，并有法国方面的合作，发展至30年代，已成为国内一所声誉卓越的大学之一。代理校长李书华说："规模宏大，人才众多，校舍图书仪器均极完备，堪称国内优良大学之一。"在自1920年创办至1950年停办的30年里，北京中法大学共有569名学生毕业，其中理学院225人，文学院281人，医学院11人，为我国培养了一批自然科学、医学、社会科学和文史方面的人才。此外，"北京中法大学在抗战期间还在昆明与空军军官学校及国际无线电台合作，于1941年12月至1946年7月共举办四期无线电人员训练班，训练通信人员400名，机务人员300名，为抗战培养了一批专门技术人才。"

二、李石曾：中法文化交流的先驱

（一）走出国门的李石曾

李石曾，名煜瀛，字石曾，河北省高阳县人，是清末大学士、军机大臣李鸿藻的儿子，李鸿藻为同治皇帝之师，历经咸丰、同治、光绪三朝，为晚清重臣。李石曾五岁入家中私塾学习。曾被慈禧夸奖行礼如仪，称日后必有出息。但慈禧想不到的是，被自己夸奖的这个孩子，将来会走上"革大清朝命"的道路。

甲午战争后，李鸿藻认识到了科技教育的重要性，他让儿子拜著名维新派人物的齐禊亭为师，从老师那里，少年李石曾了解到世界和中国的形势，也萌生了出国留学的想法。"光绪二十六年（1900 年）八国联军攻入北京前，皇室成员和在京官绅多举家南逃，李石曾全家也因避兵燹辗转迁到光州（今河南潢川县），第二年战事结束，李石曾回京打探消息，在京郊贤良寺谒见了正与联军议和的李鸿章，谈及留学的想法，当时李鸿章疾病缠身，时日不多，依然支持昔日对头的儿子出国留学。"光绪二十八年（1902 年），李鸿藻见李石曾不安心仕途，便命他跟随邻居——驻法公使孙宝琦去法国上任，李石曾与张静江、夏循垍等 3 人以随员身份偕行。

走出国门眼界顿开的李石曾，有了从教育入手，即推动青年赴欧留学，改变中国命运的雄心。欧洲诸国，李石曾首推法国。原因是，在地理位置上，法国与欧洲各国交通最为适中。在思想上，法国大革命思想、政教分离、

崇尚平等自由，反对种族歧视观念深入中国人心。

（二）信奉无政府主义的李石曾

在法国补习半年法语后，李石曾于 1903 年进入蒙城农业实业学校，先读预备一年，再入正科两年，至 1906 年 8 月毕业获得文凭。在蒙城农业实业学校的几年里，李石曾接触到法国启蒙运动以来的诸多自由思想，对百科全书派、拉马克的进化观、孔德的社会历史观以及蒲鲁东的社会主义颇为钟情。

1906 年暑假毕业后，李石曾到巴黎，进入巴斯德学院（Institute Pasteur)随柏尔唐（Gabriel Emile Bertrand, 1867—1962) 进行生物学研究。此时他又结识了地理学家邵可侣（Paul Reculs, 1837—1916)，他是著名的无政府主义者埃利赛·邵可侣（Elis é eReclus, 1830—1905) 的侄子，邵可侣引导李石曾进一步接触无政府主义思想，尤其是克鲁泡特金的互助论和拉马克的生物互助并存论。"在邵可侣的影响下，李石曾成为在法的中国留学生中全面接受无政府主义的第一人。李石曾和张静江一直保持着密切的关系，张静江本人也结识了法国的若干无政府主义者，因此思想日趋激进，立论怪特，隐然以中国无政府主义之宣道师自任。"

1906 年初吴稚晖到巴黎时，受到李石曾的影响也开始信奉无政府主义。李、张、吴三人遂共同组织世界社，编印《新世纪》周刊及《世界画报》。世界社是李石曾等人的终身事业，其宗旨是"发扬学术""普及文化""改进社会"，从传播革命学说开始，渐渐扩展到著述出版、学术研究、教育文化和社会经济四项事业。

（三）"巴黎中国豆腐工厂"

1907 年，李石曾出版了法文版《大豆研究》专著，然后又出版了中文版《大豆》一书。因为对大豆研究非常成功，于是李石曾想把中国的豆制品技术引入到法国。1908 年，李石曾在法国巴黎西郊创办了一家巴黎中国豆腐工厂，以机器新法制豆腐，因而获得"豆腐博士"的雅号。该工厂生产的豆腐，参加了在巴黎举办的"万国食品博览会"，被誉为"美味素食"，在会上引起轰动，并很快在欧洲享有盛誉。1909 年 6 月，孙中山来到巴黎，特意参观了李石曾的豆腐加工厂，对他主张"豆食代肉食，远行化学诸家之理，近应素食卫生之需"的创业志趣倍加赞赏。从此以后，在孙中山的餐桌上，经常有豆腐菜肴。就连他最喜欢的"四物汤"之中，有黄花菜、木耳、豆芽，也少不了豆腐这一物。

为使当地人领略"无味道的豆腐"的真味，他在巴黎蒙帕纳斯大街破天荒地创设了第一家中国餐馆，名为"中华饭店"，中华饭店坐落在巴黎第六区蒙帕纳斯 105 号。餐厅设在一楼，装潢古典高雅，有沙龙的形式美。"中华饭店"的牌匾题字是张静江的墨宝，饭店经理是齐竺山，他的父亲齐楔亭，是李石曾的业师。大厨李二安，厨艺精湛，是光绪皇帝业师的厨子，跟随李石曾一起来到巴黎。另从豆腐公司调来年轻的华工张凤举、李光汉、齐致为中华饭店的侍应生。经过一批法国知名汉学家的宣传介绍，奥拉尔及一些政界人士和文艺界人士经常到餐馆去用餐。中华餐馆除介绍中国传统菜肴之外，致力于推出豆腐系列佳肴：豆腐煲、麻婆豆腐、生拌豆腐菜，希望能够推广豆腐食品给法国百姓。法国人喜欢喝牛奶，对豆腐、豆浆之类的豆制品不习惯，不感兴趣，1914 年第一次世界大战爆发后，法国粮食极端缺乏，牛奶供应严重不足，李石曾的豆制品逐渐为法国人所接受并大受青睐。

（四）勤以工作，俭以求学

1908 年至 1913 年，李石曾招收 4 批工人，共计 68 名前往巴黎。到巴黎后，一部分人进入豆腐工厂，另一部分进入地浃泊、菲斯沟司、瓦尔斯等地的工厂做工。为了提高在巴黎豆腐厂工作的工人们的文化和工艺水平，李石曾在他的豆腐工厂办了一所"以工兼学"的夜校，让工人白天上班，晚间上课，学习语文、法文、数理化和修身等课程。李石曾、蔡元培等人曾亲自编写教材和授课。这些"以工兼学"的工人响应李石曾"勤以工作，俭以求学，以进劳动者之智识"的主张，成为中国最早的勤工俭学者。

1912 年 4 月，李石曾与蔡元培、吴玉章、吴稚晖、汪精卫、张继等人一道，在北京发起组织了留法俭学会，以实现他们从教育入手改良社会的理想。所谓俭学就是以较少的学费达到留学的目的。每年由留法俭学会送至法国留学者少则百余人，多则二三百人。在留法俭学会成立之初，寄居海外的学者在蒙达尔城组织了演讲会，蔡元培、吴稚晖、汪精卫、李石曾等致力于演讲，蒙达尔城成了留法俭学会学生聚集的中心。

1915 年 6 月他们在巴黎发起成立了"留法勤工俭学会"。李石曾为其作《勤工俭学传》，拉开了勤工俭学运动的序幕。《留法俭学会会约》规定俭学会的宗旨在于"以节俭费用，为推广留学之方法；以劳动朴素，养成勤洁之性质"。由李石曾起草的《留法俭学会缘起》中则明确写道："改良社会首在教育，欲输科学知识于东亚，必以留学泰西为要图，惟西国学费宿称浩大，其事至难普及，曾经同志筹商，拟兴苦学之风，广开留欧学界，俾青年子女得吸收新世之文明而进益于社会。"初期的勤工俭学会，主要限于在法国开展活动，首先是在赴法华工中进行宣传教育，如编印《勤工俭学传》，主办《华工杂志》等。

（五）勤工俭学运动的繁荣

1909 年起，美国将庚子赔款部分本利退回，充作中国学生留美学习基金，到 1924 年 6 月退回余款本利 1250 多万美元，作为中国教育文化基金。1916 年秋，为推动法国政府仿照美国等国的做法，退还部分庚子赔款，用于支持留法勤工俭学和中法教育交流，蔡元培、李石曾、吴稚晖、贝熙叶等人，在全国范围内征集签名，1 个月内就有 45 万人签名，法国政府也很快给予回应。法国庚款退还余额总数约 39.158 万法郎，折合美元约 7.555万元。此项余额总数，按照协定自 1924 年 12 月 1 日起，至 1947 年止。逐年继续垫借中法实业银行，作为该行发行五厘美金公元的担保。"而中法实业银行即以此项美金债权，充作四项费用之用：1. 换回远东债权人所持之无利债券；2. 办理中法间教育及慈善事业；3. 代缴中国政府未缴清之股本余额；4. 拨还中国政府所欠中法实业银行贷款。"

1916 年 6 月,李石曾、蔡元培、吴稚晖在巴黎成立华法教育会。李石曾和法国轮船公司交涉,将票价降到最低,并达成协议,凡持有华法教育会证件的学生,赴法船票一律半价。学生到了法国之后,李石曾帮助学生找工作。他和蔡元培等人分别在里昂、北京等地设立分社,在国内大张旗鼓地宣传和组织赴法勤工俭学,并在全国各地先后建起了 20 多所留法预备学校,为国内有志青年赴法留学做准备。1916 年 6 月 6 日,袁世凯死后,国内政治形势好转,李石曾、蔡元培等立即回国,一面恢复俭学会,一面宣扬勤工俭学。李石曾先后在广东、福建等国民党势力较强的地方宣传留法勤工俭学。1917 年 1 月,蔡元培就任北京大学校长,坚请李石曾至北大任教。4 月,中断 4 年的北京留法俭学会恢复活动。1917 年 5 月,华法教育会和留法勤工俭学会在北京挂牌,并再版《勤工俭学传》,编印《旅欧教育运动》,刊行《旅欧杂志》。

留法勤工俭学运动是近代中法关系史上的一件大事,它的兴起和发展除了中国方面的推动,与法国政府的态度也有着密切关系。在 1919 年留法勤工俭学运动高潮到来之前,留法勤工俭学运动主要得到法国一些民间友好人士及法国驻华外交官的支持,第一次世界大战结束后,伴随中法两国邦交的升温和留法勤工俭学运动走向高潮,留法勤工俭学运动引起法国政府的高度重视,开始专门加以关注和引导。1918 年 11 月,法国政府特使格里耶 (Grillet) 在一份有关扩大法国和法国文化在中国的影响的行动计划中,将吸引中国留学生作为法国扩大其在华影响力的一个战略性措施,即法国参与中国经济变革的最佳途径就是,一方面帮助中国训练技术工人,使其三四年后回国,能掌握一门手艺或技术,习惯于使用法国机器,能讲法语;另一方面吸引中国的优秀青年和企业家前往法国培训,接受法国文化,回国后成为社会精英。自 1919 年开始,法国政府开始有意识地对留法勤工俭学运动加以引导和管理,并成立专门机构予以推动,在 1920 年底留法勤工俭学运动遭受挫折之后,法国政府开始转向资助部分优秀留法学生,开辟与留法勤工俭学运动模式有别的中法教育合作事业。

在 1919 年到 1921 年间，留法勤工俭学运动便达到了高潮，广大青年精神振奋，情绪高昂，纷纷束装西行，正如《新民学会会务报告第一号》所记载："大家都望着前头的乐园，本着冲动与环境的压迫，勇往前进"。有 17 批近 2000 名中国学生赴法勤工俭学，他们当中涌现出许多革命先驱和新中国缔造者。

三、西山桃花源：中国最早的乡村试验基地

李鸿藻痛感清晚期政治腐败，时常流露出对官场钻营现象的深恶痛绝。在父亲潜移默化影响下，李石曾立志"不做官"，以弃官归田的陶渊明为楷模，对乡村田园自然的热爱与日俱增。李石曾离开使馆后住到巴黎北郊佛兰村的一个教师家中。也许在那里他找到了向往的"桃花源"，即附近的一处名胜区，香湖和茅山。茅山是一座小山，卢梭的"退隐庐"就坐落于此，李石曾多次前往凭吊。卢梭的思想对后来的无政府主义理论影响很大，也较早被译介到中国。当年卢梭也是为远离巴黎的城市生活而避居乡村，自然被李石曾奉为楷模。李石曾在西山兴办了乡村合作社、家庭工业改进社、温泉疗养院、邮局、道路等，进行了一系列试验田的探索。

（一）温泉疗养院

1918 年，李石曾、贝熙叶一起，在香山碧云寺内（五塔下）办起"天然疗养院"，疗养院共 9 间房子，称"九间阁"。从碧云寺向北翻过山岭，有一温泉村，原名石窝村。早在明代即有关于温泉的记载，同时修有温泉池。巴黎附近香湖疗养院给李石曾很大启发。他对香湖的硫黄低温温泉产生了

兴趣，这是他第一次接触到温泉这一事物。他从络绎不绝前往温泉疗养的人群中看到了"桃花源"的影子，认为法国与欧洲其他国家温泉之设备林立，不仅关乎"科学工业医药之问题"，更是"一大宗文化经济社会建设事业之源泉"。这成为他回国后在西山乃至温泉创办温泉疗养院的思想源泉。后来他多次前往，并筹款在温泉池附近建起10多间房屋，将泉水引入室内，称为温泉疗养院，由何绍文任院长。该处温泉富含硫黄等矿物质，水温40多度，非常适宜皮肤病的治疗。"李石曾、汪精卫、蔡元培、吴稚晖等人随后发起成立温泉同治会，入会者沐浴免费，对外则每次大洋五角，刊登广告，宣传洗温泉澡的好处，使温泉名声大振，许多名人贤达均曾前来疗养，张继、魏道明等显贵还在附近修建了庄园别墅。小南园和温泉疗养院可谓巴黎北郊退隐庐和香湖温泉的再现。"

（二）自治试验村事务所

从1921年起，李石曾在西山一带购置多处林地，成立3处农林试验场，为后来办学打下经济基础，北京西山一带成为他"文化经济社会建设事业之源泉"。李石曾认为社会是一个巨大的实验场，纵有失败，还可以再试。试验村选定"民族复杂、习俗互异，便于研究试验之碧云、温泉二自治村"。群治部包含自治试验村事务所和经济研究会。成立自治试验村的另一重要目的是试验其"分治合作"与"均权"的政治与社会思想。"均权不仅以县为单位，若为时之所需，其单位犹可小于县，一村或数村亦可为单位。"以李石曾在西山10多年的经营为基础，自治试验村事务所于10月1日成立，标志着西山社会试验正式全面启动，合作社的组织模式来源于法国的合作运动。

事务所办公处设在碧云村，借用中法大学第一农林试验场房屋。同时在温泉村黑龙潭龙王庙设立分所。事务所在对两村进行全面调查后，设村自治公坊，推举村主任，开始在经济、教育、卫生、治安、村民调解各方面进行全面建设。其中令人瞩目的是合作社的建立，试验村位于山区，住民多为旗籍，思想偏于僵化，不勤劳作况且当地交通闭塞，经济凋敝。事

务所工作先从调查和改善农村组织入手。年春，事务所指派专人，对当地农村组织、社会习尚、经济情形及土地户口等进行调查，编制了详细的统计表。

（三）温泉自治村合作社

合作社于 1934 年成立，采取社员入股的形式，社内分消费、生产、信用三部门，各由理事会选任或聘任经理一人，干事若干人。并在白家疃村设立农村市场，活跃农村消费市场。组织温泉家庭工业改进社，组织当地妇女搞挑补绣花、缝纫等手工业，以增加农民收入。

"当时的合作社不仅完全符合入社自愿、民主管理、公平交易、政治中立、二次返利等通行的合作社原则，而且几乎包含了后来乡村建设运动的所有主要内容，如兴办教育、改良农业、流通金融、提倡合作、地方自治、公共卫生等，是当时探索农村发展道路的一次先进的尝试。"魏叶、贞元祥任主任，最初聘技术员人，事务员人，书记人，每月经费由北平研究院支付。事务所还购买自治社会、史地、哲学、经济、教育等各种图书百余种，以供职员阅读研究。

合作社消费部采取社员入股的形式，凡认购一股每股五元以上者，即成为该社社员。社员全体组织社员大会，为最高权力机关，每年召开一次。"社员大会选举理事 1 人，组织理事会，任期一年，可连选连任。理事会互推常务理事 3 人，处理日常事务并轮流充任会议主席。合作社设监事 3 人组成监事会，也由社员大会选举产生。理事和监事均为义务职。社内消费、生产、信用三部门，各由理事会选任或聘任经理一人，干事若干人。"

（四）温泉家庭工业改进社

在温泉小学内，李石曾夫人姚同谊和温泉小学校长魏明轩的夫人许太太还出资兴建了温泉家庭工业改进社，组织当地妇女搞挑补绣花、缝纫等手工业，以增加农民收入。需要说明的是，李夫人出身天津长芦盐场盐务之家，嫁资丰厚，也为早期西山建设献出了一部分私产。如火如荼的农村自治试验成果累累，让李石曾非常欣喜。"李石曾邀请上百名国内外人士前往参加典礼，以展示他的社会试验成就。他在西山和温泉找到了'桃花源'，在那里实践他的'乌托邦'理想，从乡村教育到乡村建设，直到开展全面的社会试验，组织各类合作社。"它既可看作 20 世纪世界乌托邦主义合作社运动在中国的延续，也对后来中国的一系列社会试验产生了重要影响。

第三章 燕京大学：
中西文化交流中的结晶

一、文化边缘行走：司徒雷登与燕京大学

（一）司徒雷登的中国缘

司徒雷登是美国人，但他在中国具有很高的知名度。司徒雷登对中国怀有很深的感情，直到垂暮之年，大洋彼岸的他，仍然心心念念自己在中国的日子，怀念他一手创办、苦心经营的燕京大学，希望自己的骨灰有朝一日能够被葬在燕京大学美丽的校园中。他在自己的自传中写道："我一生中大部分的时间以中国为家。精神上缕缕纽带把我与那个伟大的国家及其伟大的人民紧紧地联系在一起。"

司徒雷登于 1876 年 6 月 24 日出生在中国的杭州。他的父亲约翰·林顿·斯图尔特是一名美国长老会的传教士，母亲来自一个有兴办教育传统的家族。1868 年，年轻的约翰只身一人来到中国的杭州传教。五年后他因病回美国休养，结识了玛丽·霍顿，她是一位"才智非凡而富有社交天赋的小姐"。这位勇敢的姑娘不顾亲友的劝告与他结婚并在 1874 年和他一起远渡重洋来到杭州定居。

在杭州，夫妇俩有了 4 个儿子，司徒雷登是长子。他在中国长大，到 11 岁才被送回美国接受教育。1904 年，28 岁的司徒雷登携新婚妻子艾琳回到杭州，开始了他在中国的传教士生涯，但他本人从内心中并不喜欢传教，因为他看到父亲一生在中国传教，感到他并没有太大的成就，只是吸收了少数几名低级别的教徒而已。在杭州传教 4 年之后，他被聘请到南京新办的一所神学院——金陵神学院任教。他钻研《圣经》，编辑希腊语教材和字典，研究教学方法，对学生因材施教，还结交了很多中外朋友，生活非常惬意。原本以为这就是他理想中的人生了，然而他不知道，自己一生最为骄傲的事业，直到他年过不惑，才抛来橄榄枝。

（二）不惑之年开启的人生新篇章

在金陵神学院的执教生涯中，司徒雷登展现出对中西文化的深入理解，尤其对中国的语言、文化和中国人的心理的理解，他似乎具有与生俱来的优势。他能够快速地掌握不同的方言，深谙中国人的交往之道，结识了众多中国朋友，很快就成为美国传教士中的佼佼者。1918 年下半年，司徒雷登接到了出任北京汇文大学校长的聘书。当时很多人劝他拒绝，但是他还是在 1919 年初，赴北京主持汇文大学与华北协和大学联合事宜，从而开始了他与燕京大学的不解之缘。当时他已 42 岁，不再有青春年华，却依然踌躇满志。虽然他的自传中并没有直接写出，但我们从他锲而不舍、忘我投入的实际行动中，可以看到司徒雷登勇于面对困难、克服重重压力、不断超越自己的开拓者之心。

司徒雷登赴京之前就深知两校合并困难重重，然而到北京后的一系列会议，让司徒雷登明白，实际的困难比他自己预想的还要多。

汇文大学是美国宗教团体美以美会开办的，1888 年建成大学，经过 30 多年发展，当时已经有文学院、理学院、神学院、医学院、预科和工艺学校等分支机构，已具备一定的规模和社会影响。华北协和大学成立于 1903 年，由美国公理会创办和管理，规模稍小。在当时的条件下，双方都

没有能力各自建成一流的大学，只有通过合并，整合优势资源，并借助合并募集更多资金，才有发展的可能。因此两校都有合并的意愿，但是在合并的具体问题磋商中分歧很大，因此迟迟不能真正合并。在无休止的争论中，时间走到了 1918 年，一个折中方案终于达成，那就是选聘一位与原来两校都无关系的新校长。司徒雷登猜测自己并不是唯一接到校长聘书的人，只是他是唯一愿意放弃自己在金陵神学院的满意的工作和原本的学术计划，不惧北京的气候和听不懂的方言，前来担起重担的人。

司徒雷登到达后，首先遇到的难题就是校名问题，汇文大学一方及毕业生代表坚决要求新大学必须带有"汇文"二字，而华北协和大学则坚决不接受"汇文"二字，而同时保留"汇文"与"协和"又变得非常烦琐累赘，也被否定。双方针锋相对，吵得不可开交，足足讨论了 3 天，"有一次吵到连吃午饭都顾不上，还有一天一直到半夜还未罢休"。司徒雷登变得非常沮丧，最后他提出了一个重要的建议，请大家各自做出牺牲，从新大学的利益出发考虑问题，否则他也无能为力了。

司徒雷登的话打动了会议双方，他们同意委托司徒雷登给新大学取一个新的名字。中华全国基督教协进会会长，著名的基督教领袖诚静怡提出了"燕京大学"的校名，得到了大家的一致赞同。

解决了校名问题，司徒雷登又面临的是蜗居在东城盔甲厂胡同中简陋的校舍以及严重不足的师资和教学设施。然而这些只是眼前的困难。在 20世纪初的中国，新诞生的燕京大学如同一叶扁舟，航行在时局风云变幻的中国的大海中，可谓前路艰险，步步惊心。

司徒雷登敏锐地看到了学校存在的各种问题，他首先从办学经费问题着手，委派他的好友亨利·卢斯博士去美国帮助筹款，他在北京着手解决师资问题，延揽各类优秀人才，不再聘用不符合大学教师要求的传教士。尽管卢斯非常勤奋努力，但筹款的工作非常艰难，进展缓慢。1922 年司徒雷登不得不中断在燕京大学的校长工作，亲自回美国去筹集资金。这段经历对他来讲，格外艰辛。为了一个"完全不知名的、无人关心"且远在大洋彼岸国家的大学筹款，其难度可想而知。他带着简单的行李，奔波在美国各地，通过熟人介绍，广泛接触可能的捐款人，和他们交朋友。他摸透了福特、洛克菲勒等富商的脾性，成了他们的座上客，有时甚至陪老太太聊天、打牌，只为了对方能在自己的遗嘱中，留给燕京大学一些捐款。但令他经常感到沮丧的是，虽然接触到富豪并获得他们的礼遇，但是并不意味着他们就能给燕大捐款。他常常感到自己像个乞丐一样丧失了尊严，这种精神上的痛苦甚至超过了他为了节省经费，住简陋的旅店、四处奔波的身体上的痛苦。他得了一种神经紧张性消化不良，每次去筹款都会发作，每次回中国又会神奇地康复。但是为了燕京大学，他没有退缩，在1922—1937年间，他回美国筹款10次。他那只普通的行李箱上贴满了火车旅馆的标签，它们成了特殊的印记，记载着司徒雷登多少旅途艰辛、受挫惆怅；多少强忍苦闷、奋力寻求。很难想象他用这只皮箱，为新生的燕京大学，筹集了数百万美元的捐款，从而开启了燕京大学飞速发展的新篇章。

筹到了一些经费，司徒雷登开始在北京四处寻找新校址。因为在1920年，华北协和女子大学成为燕京大学女校，但是盔甲厂胡同的校区过于局促，因此女校设在东城灯市口同福夹道，距离盔甲厂的男校约3千米。分设两处不利于大学生之间的交流，很多文化活动因为只在某一校区举办，别的校区的学生就会因为这段距离而放弃参加。曾经就读于同福夹道女校区的钟文惠校友回忆，自己在上大学期间，从未参加过男校区举办的活动。分处两处的校区影响了燕京大学的发展，司徒雷登希望找到一处宽敞的地方，离城区不太远，价格也不能过高。他和同事们奔波于北京城区周边，有时步行，有时骑自行车，有时也像老乡一样骑毛驴，为新校区物色校址。看中了几处却都因为种种原因没有交易成功。

几经波折，一个偶然的机会，他受邀到清华学校的朋友处做客，朋友建议他考虑一下清华对面的那片土地。这里临近西山、颐和园，风景秀美，周边分布着很多官员置办的园林。而且，虽然离城区有8千米远，但是交通便利。司徒雷登打听得知，这片土地属于陕西督军陈树藩所有，但是他

本人不在北京，而是在西安。司徒雷登征求了燕京董事会和理事们的意见，获得赞同后，在"红色牧师"董健吾的帮助下，亲自去西安找到陈树藩。陈树藩说，购置这片园子原本打算给他的父亲养老所用，但是父亲和他认为既然是办教育所用，他们愿意以6万大洋的低价转让给燕京大学，而且还捐出其中三分之一作为奖学金，这一举动非常慷慨，司徒雷登大喜，立即代表燕京大学向陈氏父子表示感谢。后来，司徒雷登又陆续买下了周边的几处荒废的土地，新校址总面积达到了170公顷。

司徒雷登对于燕京校园的建设，有自己的洞见，他要仿照中国古典园林，建设一所处处体现中国古典建筑之美，同时建筑内部又具备各种现代化设施的大学。"我们从一开始就决定按中国的建筑形式来建造校舍，室外设计了优美的飞檐和华丽的彩色图案，而主体结构则完全是钢筋混凝土的，并配以现代化的照明、取暖和管道设施。这样，校舍本身就象征着我们办学的目的，也就是要保存中国最优秀的文化遗产。"

他们请到了著名的建筑师亨利·墨菲，他非常熟悉中国的古典园林和建筑设计，曾经制订了清华大学第一个校园的总体规划，设计了以金陵女子大学为代表的多所"宫殿化"的教会大学校园。经过了仔细勘察，墨菲确定了以玉泉山上的玉峰塔为端点的燕大校园的东西轴线和南北向的次轴线，进而设计了中国古典宫殿式样的教学大楼，庙宇式的学校大门，仿照通州燃灯古塔样式设计了校园的水塔，安静典雅的女生宿舍楼等建筑。燕大还从荒芜的圆明园遗址移来了华表、奇碑异石，在景色宜人处修建了亭阁，种植了花草树木。从置地、规划、到建筑落成，经过了6年时间，美丽而现代的新校园终于完工。1926年，燕京大学迁入新址办学。"来访者无不称赞燕京是世界上最美丽的校园，以致我们自己也逐渐相信了"，司徒雷登在自传中的表述，洋溢着他作为燕园创建者的自豪。1990年，燕京大学旧址被列为北京市重点文物保护单位，其理由为："整组建筑采用中国传统建筑布局，结合原有山形水系，注重空间围合及轴线对应关系，格局完整，区划分明，建筑造型比例严谨，尺度合宜，工艺精致，是中国近代建筑中传统形式和现代功能相结合的一项重要创作，具有很高的环境艺术价值。"

燕园景色之一：贝公楼（办公楼）及其西侧华表

　　一座美丽的校园对于燕京大学的意义极其重大，首先它收获了师生的喜爱，促进了师生的身份认同；其次，它吸引了社会的注意，提高了中国社会对于这个美国教会办的大学的好感，有利于吸引更多社会捐款。燕京是私立大学，在司徒雷登等人的努力之下，筹集了更多的社会资金，减少了对教会资金的依赖，也就增加了办学自主权。

　　然而我们也不可过分夸大校园对于燕京大学的意义，因为事实上，即使在盔甲厂时期，新生的燕京大学在司徒雷登和同事们的努力之下，也已经取得了显著的成绩。据 1928 年加州大学出版的关于远东各大学的统计显示，以各校毕业生升学美国各院校的成绩为标准，1925 年以前，燕京大

学与另外 7 所基督教大学同列丙级。而 1925 年以后，在中国的 13 所基督教大学中，只有金陵大学和燕京大学与另外 7 所大学同列甲级。燕京大学的迅速发展，从根本上来说，应该得益于司徒雷登善于审时度势、把握教育规律，勇于创新的精神和敢于冲破教会的教条主义束缚实施改革的管理思想。

（三）因时因地、勇于创新的教育理念

作为一名传教士的儿子，司徒雷登在青年时代却并不喜欢父亲的事业，甚至有一段时间非常厌恶传教士的工作，这可能与他从小耳濡目染父亲辛苦而常遭误解的工作有关，也是他之后放弃传教而投身于教育事业的思想契机。他在大学毕业后曾经有几年迷茫，最终还是下决心进入神学院学习，成为一名传教士。然而他的思想与很多保守的宗教人士区别很大。在金陵神学院期间，他经常参加基督教青年会的活动，大家公开讨论如何将基督教的教义应用到政治、社会、学术和经济问题上。司徒雷登认为，传播基督教的精神，不能死守着刻板的教义、仅依靠直接传教的方法，而是应该通过教育和其他活动，间接地影响人们的思想。他还因此受到了南长老会中保守的苏北教会的调查。后来他在燕京大学做出的一系列勇敢的革新措施，是他年轻时思想的进一步延伸。

燕京大学的前身汇文大学、华北协和大学等学校，都是典型的教会学校。他们办学的首要目标，是为基督教服务，培养合格的传教士。因为担心学生会用学校教授的知识寻找非传教士的职业，华北协和大学的前身潞河书院甚至在有充分条件的情况下坚持不开设英语课。作为燕京大学的校长，司徒雷登认为自己的首要任务，就是传播基督教。校长本人有浓厚的基督教情结，燕京大学既继承了其前身的基督教传统，又需要美国基督教长老会的资助，它成长为一所宗教氛围浓厚的大学似乎是理所当然的。

然而，司徒雷登敏锐地观察到，在古老的中国，基督教文化绝不可能依靠几个政府签订的条约，取代传统的中国文化。相反，面对具有几千年悠久历史的强大的传统文化，以及越来越强烈的民族主义情绪，作为外来

侵略者的基督教要想在中国站稳脚跟甚至发展壮大，必须找到与中国文化和中国人民的和谐相处之道。1922年，上海和北京的大学生中爆发了"非基督教运动"，吸引了众多学生和很多在新文化运动中有影响的知识分子，如李石曾、萧子昇、李大钊等。同年秋，在司徒雷登建议下，燕京大学废除了强迫学生参加主日仪式和教堂礼拜等宗教活动的规定。第二年又做出削减学生必修的宗教课程时间的决定。1925年，燕京大学把原来必修的宗教课程改为选修，并且要求学生选修12学分的中国文学和10学分的中国历史课程。这一大胆的举措使得司徒雷登面临美国长老会的强烈反对，但是他顶住了压力。他创新性地开展"基督教团契"活动，把校庆日定在圣诞节，以及采用基督教精神的校训，既成功培育起了燕京大学的基督教氛围，又使得教学和管理脱离了宗教的束缚。

司徒雷登的理想，远不止于通过教育传播基督教。他有着更为宏伟的目标，要把燕京大学建设成为一流的大学，不仅为基督教培育人才，更要为中国培育人才，进而使得燕大成为促进各国的理解和友谊的媒介。

司徒雷登首先在师资聘用制度上进行了大胆的改革。燕京大学创立之时，师资匮乏，连同司徒雷登自己，只有29人，其中大部分是没有大学学位的外国传教士，并不具备在大学执教的资格与能力。中国教师只有两人（具有博士学位），待遇远远比不上外籍教师。管理层更是清一色的美国人。司徒雷登一方面不再聘用不具备执教资格的教师，另一方面多方延揽人才，并着力解决中西籍教师待遇不平等的问题。

当时美国纽约的托事部对学校起着主导作用，不仅有人事任用权，而且有经费使用权。司徒雷登希望"让中国人在教学、行政、宗教、财务和其他部门中发挥日益增多的作用，把学校最终办成一所中国的大学"。他向托事部提出燕大要拥有聘任教师的自主权，遭到了拒绝，但是他仍然在托事部没有批准的情况下，邀请了洪业和刘廷芳等对燕京大学的发展起到了至关重要作用的人物。后来1926年，新的燕大校董会成立，取代了纽约托事部，成为燕京大学的最高权力机构，司徒雷登也得以更容易地实现

自己的抱负，聘请了一大批优秀的中外学者专职或兼职来燕园执教，到了20世纪30年代，燕京大学校园大师云集，成为学子们仰慕的名校。

司徒雷登还利用去美国筹款的机会，广泛接触美国教育界。他通过卢斯了解到，美国铝业大王霍尔有一笔遗产要求用于资助英美人管理下的亚洲或巴尔干地区的教育事业，也向霍尔基金提出了申请。在经历了一次令他冷汗直冒的质询之后，燕大获得了霍尔基金会的150万美元的捐助。之后，霍尔基金会还余有450万美元，哈佛大学想通过与亚洲的大学联合来分一杯羹，并且促进其汉学的研究水平。哈佛大学曾试图与北京大学合作开展汉学研究项目，但是因为他们的教师维纳领导的考古队在中国敦煌考古时偷盗千佛洞壁画，使中国民意沸腾，北京大学不得不终止了合作。司徒雷登得知后，在1925年专程前往美国，与哈佛大学洽谈合作开展汉学研究，并达成了建立"哈佛燕京学社"的协议。"哈佛燕京学社"的建立，不仅提高了燕大的声誉，而且有力推动了双方大学的汉学研究。

司徒雷登深知，在中国办大学，必须要广泛接触中国政界人物。他认为通过与政界人物的接触，可以让他们更多了解燕京大学，进而获得他们的支持。因此他积极奔走，多方联络，努力和中国官员交朋友。在他的努力之下，段祺瑞出任过燕大名誉董事，而担任过"北京政府"总理的颜惠庆多年担任燕大的董事，并一度担任董事长，有了他的帮助，燕大才顺利修建了校园的围墙。司徒雷登还聘请孔祥熙担任燕大校董事会的董事长。他拜访过张作霖和张学良父子、阎锡山、孙传芳、冯玉祥等人。张氏父子曾经为燕大捐款，张作霖还将儿子张学曾送入燕大学习；孙传芳、冯玉祥也曾为燕大捐款。司徒雷登通过自己勤恳的努力，为燕大创下了深厚的人脉，也开辟了财源。

1923年，"收回教育权"运动拉开了序幕。1925年11月，政府教育部正式颁布文件，要求所有外国人设立的学校，必须向教育行政官厅请求认可，而要想通过审核，校名必须冠以"私立"字样，校长必须为中国人，中国人必须在校董事会中占半数以上，学校不得以传布宗教为宗旨等。政令发出后，受到了一些教会大学消极对待，但是燕京大学表现积极，不仅取消强制学生参加宗教仪式，把宗教课程改为选修课，而且司徒雷登亲自主持了对校董事会的改组和管理细则的修订，请吴雷川担任副校长，为此他多次写信给美国的外事部，陈述必须向中国政府注册的理由。1926年，燕京大学成为第一个向教育部申请并获得正式批准的外国捐资开办的高等教育机构。南京国民政府成立以后，1929年燕京大学再次向国民政府教育部申请立案，并获得批准。

（四）一生一世中国情

1926年，在燕京大学即将搬迁到新建的燕园的时候，司徒雷登的妻子因病去世了，她被葬在了燕园的公墓。司徒雷登深爱自己的妻子，终生没有再娶，而是把燕京大学当作了自己的家，把那里的教师、学生当作自己的亲人。正如冰心在《燕大周刊》上的文章所写，"这团体上上下下、前前后后，总有上千上万的人，这上千上万的人的生、婚、病、死四件大事里，都短不了他。为婴儿施洗的是他，证婚的是他，丧礼执宾的也是他。你添了一个孩子，害一场病，过一次生日，死一个亲人，第一封短简是他寄的，第一盆鲜花是他送的，第一个欢迎微笑，第一句真挚的慰语，都是从他而来的。"他的校长居所临湖轩，见证了一场场婚礼，冰心和吴文藻、费孝通和王同惠的婚礼都是司徒校长为他们主婚，在临湖轩举办的。司徒雷登尤其喜爱小朋友，每年圣诞节，教职工的孩子们都会收到司徒雷登的邀请函，到校长的居所临湖轩去参加聚会。1939年的圣诞节，他招待了170余位小朋友。在他的带动下，燕京大学的师生之间、同学之间关系也非常融洽，冰心的老师包贵思把燕大形容为"可爱的社区"，司徒雷登认为这个比喻非常贴切。在关于司徒雷登的照片中，有一张是毕业典礼之际，司徒雷登穿着学位袍，蹲在草地上，笑容可掬地望着一位小女孩，神态中充满慈爱。

作为校长（后来是校务长）的司徒雷登，在学生的心目中，是一个和蔼亲切的长者。1919年发生了五四运动，正值燕京大学刚刚成立之时，学校计划举行一个仪式，新校长司徒雷登要在仪式上讲话，所以这个仪式相

当于就职典礼。但是当天上午，政府释放了在运动中被捕的学生，因此燕大很多学生都缺席了典礼，跑去欢迎被释放的同学了。司徒雷登并没有责怪缺席的学生，相反，第二天他专门欢迎被释放的学生回校，并热情地表扬了学生们的爱国热忱。

每年有新生入学，司徒雷登都会和他们见面，逐一握手，并努力记住他们的名字。司徒雷登希望自己能够认识燕京大学里的每一名学生。在开始的几年他也真正做到了。后来燕大招生数量大增，他不可能一一记住学生的姓名，但是他还是尽力认识更多的学生。

司徒雷登对于青年学生的爱国行动非常支持，燕京大学不干涉学生宣传共产主义思想，还对他们加以保护，司徒雷登甚至多次允许青年共产党员在自己的校长居所临湖轩开会。斯诺从延安回来后，两次在临湖轩展示在延安拍的照片，播放幻灯片，让燕京大学的学生第一次直观地看到延安的情况，鼓舞了很多人，在大学生中产生了极大的积极影响。校友刘进中在读三年级时候请假去参加了北伐，校方都知道，但是当他提出回校继续学业时，还是顺利回校了。他说"由于燕大是美国教会创办的，政府不敢妄加干涉，军警也不敢进校骚扰，因此，共产党在校园内几乎能公开活动，从而反日爱运动也蓬勃发展。学校当局对这些活动也从来不予阻挠。因此，燕大从来未发生过像其他大学那样，因校方干涉学生运动而举行罢课。反之，校方特别是司徒雷登校长，还表示支持学生运动。"1926年，燕京大学学生参加了三一八抗日救国运动，遭到北洋政府暴力镇压，女生魏士毅中弹牺牲，司徒雷登派人要回了她的遗体并批准在燕大校园设立纪念碑。1931年九一八事变，司徒雷登带领700多名燕大学生举行了反日示威游行。1934年，北平学生反对南京政府对日不抵抗，组织请愿团赴南京。当时正在美国的司徒雷登被燕京大学紧急召回以阻止学生，但他回来后对学生们说，"我在上海下船时，首先问来接我的人，燕京的学生是否也来南京请愿了。我听到的答复是'是'，这才放心。如果此次燕京学生没有参加请愿，那说明这些年来我的教育就完全失败了。"司徒雷登的态度，给了燕大学生巨大的精神鼓舞。

1937年，日军攻占了北平，当时北平的高校纷纷被迫南迁。7月28日清晨，日军轰炸了燕园附近，这是司徒雷登第一次看到空袭，校园里人心惶惶。然而司徒雷登还是决定留下来坚守燕园。为了保护燕园，燕京大学第一次升起了美国国旗。日本士兵想进入燕园，都被司徒雷登赶了出去。日本人逼迫司徒雷登拆除魏士毅纪念碑，遭到司徒雷登的坚决拒绝。司徒雷登以他敏锐的文化嗅觉，迅速摸清了与日本人打交道的最佳原则，那就是"把坚定和友好结合起来"。因此他一方面表现出对日方的礼貌态度，一方面毫不畏惧日本人的威胁。日方提出要让他们选派的日本学者进入燕京大学执教，司徒雷登认为宁可不办大学也不能失去独立性。后来他和同事们商量出了一个折中的方案，由燕京大学出面，聘请了学术在国际上享有盛誉而政治上不支持军国主义的鸟居龙藏博士。另一方面，对于日方提出到燕大校园搜捕共产党员和抗日学生的要求则不卑不亢，以燕京大学是美国的财产为由坚决拒绝。日本的特务只能等着学生外出的时候抓捕他们，然而司徒雷登的秘书总是有办法很快把学生从监狱或拘留所救出来。

燕京大学有很多师生秘密支持抗日活动，司徒雷登不仅保护他们的安全，而且经常把自己的汽车借给他们使用。为中国抗日做出重大贡献的国际友人林迈可教授就曾经多次用司徒雷登的汽车运送解放区急需的药品和武器。燕园至今保留着抗日战争时期的秘密联络点。

北平沦陷后，很多燕京师生要转移到大后方或者奔赴解放区，司徒雷登给予他们有力支持。他和一些年轻的教职员设计了两条转移路线，一条是通过京汉铁路，另一条专门为女生考虑设计的更安全的路线，经上海绕道香港等地。司徒雷登委托沿途的朋友为学生筹措经费，千方百计把他们转移出去。1938年，时任燕京大学教师的冰心也是在司徒雷登的帮助下逃离北京的。

1941年，美日宣战后。日本兵马上冲进燕京大学逮捕了司徒雷登并关停了燕京大学。日军对司徒雷登进行了4次密集的审讯，追问他秘密送走

学生的经过并要求司徒雷登说出他们的名字。司徒雷登平静地拒绝了，他说"我已经是一个老人了，多活几年少活几年关系不大。我愿意回答关于我自己的任何问题，我个人也可以听任他们随意处置，但我绝不做任何危害我那些忠诚的朋友性命的事。"于是日本人把他拘禁起来，几次转移拘禁地，最后在一处荒凉的院子里，司徒雷登和来自协和医院的两位朋友一起被关押了三年多，直至 1945 年 8 月日本投降才重获自由。

获释不久后他回到美国。1946 年 10 月，司徒雷登被任命为美国驻华大使，不得不离开了燕京大学。后来，他的外交生涯以失败告终，不得不黯然离开中国。在美国，他住在他的秘书、被他称为"我的另一个儿子"的傅泾波家中，度过了人生最后的岁月。他一直念念不忘燕京大学，希望自己的骨灰能够和妻子一起葬在燕园。1962 年，司徒雷登在美国离世。2008 年 11 月 17 日，司徒雷登被安葬于杭州半山安贤园。杭州是他出生的地方，也安葬着他的父母和一个弟弟，他葬在杭州，也可算是叶落归根了。

二、世界一流大学：大师云集、精英频出的办学成就

燕京大学仅仅存在了 33 年，在 1952 年的全国高校院系调整中，燕京大学被拆散，院系合并到北京大学、清华大学等多所院校中。北京大学迁到燕京大学的校园。

一流的大学，必有一流的师资队伍。燕大聘任教师实行"唯才是举"，一律以学识为首要标准，不论种族、国籍、宗教和政治观点。对中外教职

员按照统一的职级薪酬标准付薪。打破了原来的宗教和国籍歧视，燕大向所有有才能的学者敞开了大门。加上20世纪20年代中国政局动荡，军阀混战，北京很多大学都发生拖欠教职工薪资的问题，1919—1921年间北京发生多次教师"讨薪运动"。到了20年代后期，教授们的经济困难到了极其严重的地步。冯友兰回忆说，"当时北京的教育界是非常困难的，为数不多的教育经费，也被军阀们挪用了。学校发工资只发几成，甚至有发百分之几的。有一个教授，同时在4个大学里教课，到了年节，4个大学都发不出工资，当时称为'四大皆空'。"而燕京大学从不拖欠薪资，且待遇丰厚，加上司徒雷登及同事们广泛的人际交往和个人魅力，经过10多年的努力，20世纪30年代的燕京大学，已经名师云集，既有从国外留学归国的历史学家洪业、心理学家和教育学家刘廷芳、语言学家和教育家陆志韦、基督教新教神学家赵紫宸、哲学家冯友兰、社会学家和人类学家吴文藻、社会学家和法学家雷洁琼等，也有中国土生土长的大家学者如历史学家陈垣、考古学家容庚、历史学家和民俗学家顾颉刚、史学家和思想家钱穆等，更有燕京大学毕业出国深造后回到燕大任教的，如文学家冰心、小说家和散文家许地山、历史学家齐思和、社会学家严景耀等。在燕京大学执教的学者中，有26位中科院院士和多位人文和社会科学的大家学者。

燕京大学是国际化的大学，除了众多中国学者，更有相当多的国际学者执教于此，国家涵盖美、英、法、德、日、意、瑞士。美国记者埃德加·斯诺曾经兼职燕大新闻系讲师，英国学者和"洋八路"林迈可曾经任教于燕大帮助燕大仿效牛津大学推行导师制，还有中国人民的美国朋友夏仁德教授、投身中国人民抗日运动的美国教授班威廉、英国教授赖朴吾、创办燕大新闻系的美国教授聂士芬、白瑞德、作家冰心和革命家杨刚的美国老师包贵思教授、被誉为"中国社会工作之父"的美国教授步济时，英文系系主任美国人哈罗德·谢迪克教授，还有上文提到的著名考古学家日本学者鸟居龙藏等。

燕京大学对学生学业的管理一贯坚持高标准。在招生考试时，非常注

重考查学生中英文能力，比如有一道考题是将陶渊明的《桃花源记》翻译成英文，且不提供中文，既考查学生的古文功底，又考查了英文水平。对于学生的学业考核相当严格，实行淘汰制，"仅1937年，就有43人因考试不合格而退学"，淘汰制无疑对学生起到了督促的作用。燕大校友王佩玉回忆说，"入学不久，我就听说，第一学期期中考试不及格的，就得'挨刷'，思想压力很大。期中考试后，确实有些新同学不见了！淘汰制何止是针对新生啊！无论新老同学，都在课堂上全神听课、答问、记笔记，课下忙于预习、复习。"燕京大学秉持通识教育的理念，实行选课制和学分制。语文、英语和历史是必修课。通识课程分为3个大类：人文科学、自然科学和社会科学。每个专业的学生必须要修读专业以外的其他类的基础课程各一门。为了指导学生选课，每年学校都要出版一本《课程一览》，介绍各课程的基本情况。学生根据自己的兴趣和特长选课后，还必须面见系主任，由系主任帮助审核所选课程是否合适。另外，燕京大学很多课程都是用英语授课，学生看英语参考书、用英语做报告，因此燕京大学的毕业生普遍具备较高的英语水平。这也可以解释为什么燕京大学毕业生在外事活动中发挥了重要的作用，1945年，在美军舰"密苏里号"举行的日本的投降仪式上，中国派出的3名记者黎秀石、朱启平和曾恩波全部是燕京大学新闻系毕业。

燕京大学理学和医学的教育成果，丝毫不逊色于文学与社会科学。从燕京大学走出了我国医学病毒学的主要奠基人黄祯祥院士，著名胸心外科学家黄家驷院士，我国宇宙线研究和高能实验物理的开创人之一张文裕院士和他的妻子，气体动力学和铀同位素分离专家、为研究原子弹隐姓埋名直至去世的王承书院士，化学工程学家、两院院士侯祥麟，中国土壤学学科创始人李连捷院士，著名历史地理学家侯仁之院士，著名的医学科学家、社会活动家、两院院士吴阶平等42名中科院院士和11名中国工程院院士。

燕京大学的校园活动丰富多彩，学生和老师之间关系密切，学生经常在周末拜访老师，师生还会共同参加许多集会活动。冰心曾经提到，她给学生布置自传作为他们写作的题目，以此来了解学生，课下和每个学生单独谈心，师生经常一起划船游湖。斯诺在教学中更多采用课堂讨论的方式，学生感觉上课更像谈心，非常喜欢他，很快他就结交了很多学生朋友。

燕京大学的教育理念和教学实践，一直是教育学家研究的对象，也是为当今很多大学所借鉴的对象。在短短 33 年的历史中，燕京大学注册学生仅有 9988 人，却培养出了中国科学院院士 42 人、中国工程院院士 11 人(4 人兼两院院士)、学科奠基人 88 人(34 人兼项)、台湾"中央研究院"院士 2 人、发明家 7 人，共 150 人。占注册学生总数的 1.5% 以上，也就是说，不到 100 个燕京学生中就出一个学术名人。各类顶尖人才人数占注册学生人数的比例，在全国高校中是比较高的。

燕京大学注重国际合作和交流，与多个国家的名牌大学有长期的、实质性的友好合作关系，比较著名的有哈佛燕京学社、密苏里—燕京新闻学院，以及在普林斯顿燕京基金会支持下建立的燕大社会学系等。

哈佛燕京学社成立于 1928 年 2 月 10 日，本部设在美国哈佛大学，在燕京大学设立北平办事处。学社的主要目的，一方面是帮助中国发展人文科学，另一方面是帮助哈佛发展东亚研究。

当时的哈佛大学已经是美国一流的大学，在国际上享有盛望，因此哈佛燕京学社的建立，令司徒雷登感到荣幸之至，极大提升了燕京大学的声望，也有力地推动了燕京大学汉学研究的发展。燕大哈佛燕京学社北平办事处在历史学家洪业的领导下，在国内率先运用科学的方法编纂中国古典文献索引——《汉学引得丛书》，为我国传统文献学的研究和整理开创了新局面。哈佛燕京学社作为校际合作平台，促进了两校教师和学生的交流，燕大选派留学哈佛的优秀毕业生齐思和、翁独健等都成为学术大师。时至今日，美国哈佛燕京学社仍然在致力于促进中美人文和社会科学领域的人才培养和交流活动。

燕京大学新闻系的创建与密苏里大学的支持密不可分。密苏里大学新闻学院创建于 1908 年，是世界上第一所新闻学院，注重学习与实践结合，培养学生的实践能力，开创了新闻学教育的"密苏里模式"。其首任院长

威廉博士 (Dr. Walter William) 曾经在 1914—1928 年间，五次访问中国。为了帮助燕京大学创建新闻系，密苏里新闻学院的毕业生聂士芬 (Venor Nash) 1924 年携全家来京，与美籍白瑞华 (R.S.Britton) 教授共同开设了新闻课程。1927 年，聂士芬回到密苏里，为燕京大学成立新闻系奔走呼吁。1928 年，司徒雷登访问了密苏里大学。在他们的共同努力下，密苏里大学成立了密苏里—燕京协会和美国顾问委员会，为燕京大学新闻系筹集资金、输送师资和主持双方的学生交流、双方互换研究员项目等。密苏里大学还承认燕京大学的学分，并为燕京大学新闻系捐赠了大量图书资料。

密苏里新闻学院派遣师资前往燕大新闻学系任教，如葛鲁甫、马丁、白雅各、斯诺、威廉夫人等，充实了该系师资力量，保证了该系各项新闻教育活动的深入开展。他们将密苏里新闻学院先进的"从做中学"教学理念和模式引入燕大新闻学系，指导学生从事新闻实践，使得燕大新闻学系的毕业生深受业界好评，提升了燕大新闻学系的社会声望。

燕京大学社会学系是由美国普林斯顿大学驻华同学会步济时（J.S.Burgese）、埃德敷（D.W.Edwards）倡议之下于 1922 年成立的。这是中国大学里第二个社会学系，也是中国社会学家的摇篮。"中国现代社会学和人类学的奠基者，几乎都与燕大有联系，比如张鸿均、许仕廉、李安宅、吴文藻、杨开道、严景耀、雷洁琼、翟同祖、费孝通等都曾在燕大学习或任职。"

三、未名湖畔长眠：
"中国人民的美国朋友埃德加·斯诺之墓"

　　埃德加·斯诺于 1905 年出生于美国密苏里州堪萨斯城一个出版印刷业主之家，他的祖先来自英格兰，他的高祖曾经做过美国驻广州的首任商务领事。他的祖父移居到美国西部，不断开拓他的农场。这是一个充满开拓进取精神的家族。斯诺从小就在父亲的印刷所帮工，他还像那时很多劳动人民的孩子一样，卖过冷饮、报纸，帮助收割庄稼，童年的经历让他体会到农民、工人的辛苦，也让他明白必须艰苦奋斗才能有所成就。斯诺喜欢旅行、热爱冒险，凡事喜欢求证，他的口头语是"我是一个密苏里人"（暗示意义是：我必须亲眼看到才能相信）。这些特质使他选择做一名新闻记者。他曾就读于著名的密苏里大学哥伦比亚新闻学院，这是美国也是世界上第一所新闻学院，被誉为"美国记者的摇篮"。

　　1928 年，斯诺带着院长的推荐信，来到上海，任《密勒氏评论报》助理编辑，之后又担任多家英美报纸的驻华记者、通讯员。1933 年，斯诺被燕京大学聘请担任兼职讲师，为了讲课方便，斯诺夫妻俩买下了燕园附近的一处小院，可以远眺颐和园和西山的风景。斯诺主讲的课程包括"新闻特写"和"旅游通信"，他的讲课方式别具一格，很受学生欢迎，据张文定在《斯诺在燕园》中的回忆，第一天上课，斯诺对学生说，"我不是来教的，而是来学的，中国是世界上一个充满了新事物的地方，可学的东西可多了。"他上课仿佛不是讲学，而是在和学生谈心。他喜欢询问学生们对各种事物的看法，善于用启发式教育。他的学生当中，就有著名记者和文学家萧乾和女革命家杨刚。斯诺把他们组织在一起，共同编译了中国现

代小说集《活的中国》，在西方世界上产生了较大影响。

斯诺非常有正义感，他目睹日本帝国主义对中国的侵略，同情中国革命，并且对中国共产党领导的陕北"苏区"产生了极大的兴趣。当时的"苏区"遭到了国民党政府的严密封锁，外界无从得知任何"苏区"的消息。1936年夏，斯诺在宋庆龄的帮助下，冒着生命危险，长途跋涉秘密来到了陕北。他在西安见到了张学良、杨虎城、邵力子等人。7月，他在"红色牧师"董健吾的协助下冲破了国民党的封锁线，成为第一个进入延安的外国记者。

斯诺的到来受到了中国共产党的欢迎。他可以在"苏区"自由活动，不受任何的监督与检查。他广泛接触"苏区"的工人、农民、战士、文艺工作者等。

1936年10月，斯诺回到了北平，他介绍陕北"苏区"的通信分期发表在《星期六晚邮报》上，并于1937年10月以《红星照耀中国》（后改为《西行漫记》）为名在英国出版，在中外进步读者中引起了巨大的轰动。1938年2月，《红星照耀中国》中译本在上海出版，让更多的中国人民了解了中国共产党及其领导下的苏维埃政权，激发了无数有志青年奔赴延安。

在《红星照耀中国》中，斯诺以敏锐的观察、生动的描写展现出了陕北"苏区"的方方面面。他笔下不仅有中共高层领导人的思想阐述、自传、他们俭朴生活的写照、他们混在人群里和群众一起看露天话剧的场景，还有坚持把家里仅有的五六只鸡杀一只款待他的陕北老太太，因为"不想让洋鬼子跟外人说陕北的农民不懂得待客的礼貌"、不怕再走一次长征路的年仅十几岁的长征"老兵"、踊跃提问让他下不来台的抗日军政大学的学员们，带着简陋的道具四处巡回演出的演员们，等等。斯诺用专业记者的笔触向世界报道了真实的延安，以客观的描写阐释了延安的精神。斯诺回到北平后，积极在青年中宣传延安，他曾经两次在燕京大学向学生们展示自己在延安拍摄的幻灯片、照片和电影。

斯诺支持中国人民的抗战，北平沦陷后，他利用自己是中立国公民的身份，屡次帮助抗日爱国人士化装后逃出日寇的搜捕。七七事变时，邓颖超在北平，是斯诺把她化装成自己的家庭保姆，带着她逃脱的。他在北平的家成了爱国人士的避难所和抗日物资周转站，抗日人士还在那里安装了一个电台。1941 年 1 月，皖南事变发生，斯诺对事变真相进行了报道，却因此被重庆国民党政府取消了记者特权，被迫离开了中国。

斯诺回到美国后，曾担任《星期六晚邮报》的记者和副主编，发表了多篇关于中国的文章，体现了他对中国的见解。1951 年，美国发生麦卡锡主义风潮，对他们认为同情共产党的人士实施了大规模的政治迫害。斯诺的作品难以发表，经济状况窘迫。他还受到了美国联邦调查局特务的监视，只好举家迁居瑞士。

1972 年，尼克松总统访华之前，斯诺也曾想再次回到中国，无奈疾病缠身无法成行。1972 年 2 月 15 日，斯诺病逝于日内瓦。他在留给妻子的遗嘱中写道："我爱中国，我希望死后有一部分能留在那里，就像我生前一样。"遵照其生前愿望，经中国政府同意，1973 年 10 月，斯诺的一部分骨灰被安葬在了北京大学未名湖畔，上面镌刻着叶剑英题写的碑名：中国人民的美国朋友埃德加·斯诺之墓。

未名湖畔的埃德加·斯诺墓

四、反法西斯战争：参加中国抗战的燕大外籍教师

在中国抗日救亡的岁月，燕京大学的外籍教师们并未置身事外，而是纷纷以实际行动支持中国的抗日运动。除了上文提到的校长司徒雷登、新闻系教师斯诺以外，燕大教师林迈可、班威廉、夏仁德和赖朴吾以各自的方式，为中国的抗战贡献了力量。

燕京大学校友赠送母校的纪念物（未名湖畔）

（一）林迈可：帮助抗战的英国贵族学者

林迈可（Michael Lindsay），英籍国际友人，1909 年出生于英国一个世代书香的家庭。他的父亲林赛博士曾经担任主持牛津大学校政的副校长。1937 年，执教于燕京大学社会学系的著名社会学家吴文藻拜访了林赛博士，向他咨询牛津大学实行导师制的经验，希望在燕京大学推行导师制。林赛博士推荐了自己的儿子——当时 28 岁的林迈可博士来燕京主持导师制工作。1937 年 12 月，林迈可来华，在船上结识了支持中国人民抗战的国际共产主义战士白求恩医生，两人成为挚友。

1938 年初，林迈可出于好奇，他邀约两位燕京大学的青年教师，利用复活节的假期，先乘火车到保定，又骑自行车到达了游击区，和共产党建立了联系。同年夏，林迈可抵达聂荣臻的晋察冀军区司令部和宋劭文为首的边区政府，其间他参加了游击队破袭平汉铁路的战斗，看到了根据地人民的生活。共产党领导下的军队和根据地给他留下了很好的印象，他认为，共产党人在其控制的地区合理而有效地帮助普通农民。

回到北平后，林迈可利用自己外籍公民的身份，多次为游击队购买和运输急需的药品，转运弹药物资。他请学生李效黎帮助把外文的药品说明书翻译成中文。在长期共同工作过程中，两人产生了爱情并结为夫妇。1941 年 12 月 8 日，林迈可夫妇在收听广播时意外得知美日宣战，他们估计日军很快就会占领燕京大学，于是和同事班威廉夫妇一起迅速撤离。他们前脚刚走，日军士兵就冲进了燕园，搜捕抗日人士。

林迈可夫妇与班威廉夫妇辗转到达晋察冀根据地，利用他们的无线电通信技术，为根据地的无线电通信设备进行检修、改造和保养，增强了根据地的通信能力。他还和班威廉教授一起开办无线电通信培训班，为根据地培养人才。

林迈可还亲自撰写了许多新闻和文章在《泰晤士报》《卫报》等国际主流媒体上发表，介绍中共领导下的根据地军民抗日斗争情况。抗战胜利后，林迈可夫妇带着分别出生在晋察冀、延安的一双儿女回到英国。他从

去世的父亲那里继承了勋爵爵位，成为英国上议院议员。他发表过许多关于中国的文章，还出版了《抗战中的中共》《八路军抗日根据地见闻录》等多部关于中国的著作。新中国成立后，林迈可多次访华，每每流连于燕园未名湖畔。1994年2月，他在美国病逝，享年85岁。

燕园未名湖风景
（远处是博雅塔）

燕园未名湖湖心岛附近
翻尾石鱼（圆明园遗物）

（二）班威廉：为中国培养人才的物理学家

班威廉（William Band），1906年出生于英国，1929年来到中国，任教于燕京大学物理学系。1932年到1941年间担任物理系主任，他工作兢兢业业，在任期间，使燕京大学物理系的教学工作逐渐规范化，九年间毕业的本科生六十多人，毕业研究生共二十五人，其中多人成长为著名物理学家和新中国核工业的奠基人，例如宇宙线研究和高能实验物理的开创人之一的张文裕院士和他的妻子、气体动力学和铀同位素分离专家王承书院士。班威廉是物理系主要的研究生导师，此时期的硕士论文大多是在他的指导下完成的，他指导的学生中有后来的中科院院士毕德显、电子学家和教育家冯秉铨等人。

美日宣战后，班威廉夫妇与林迈可夫妇迅速离开燕园，辗转来到晋察冀根据地。当时根据地急缺无线电通信人才，晋察冀军区司令员聂荣臻恳请班威廉和林迈可为无线电培训班的学员授课。班威廉按照大学正规教育的标准制定了教学计划，担任基础理论课程的教学。他备课认真，要求严格，学员们学习勤奋刻苦，一年中便学完了全部高等物理学和大学微积分，班威廉认为他们"可以比较任何第一流大学成绩毫无愧色""完全达到最高级大学的水准"。从这个培训班中，走出了新中国通信、电子、邮电和航天事业的奠基人和领导者。

（三）夏仁德：爱国学生的良师仁友

夏仁德（Randolph Clothier Sailer），1898 年出生于美国，1923 年获哥伦比亚大学博士学位后来到中国，执教燕京大学，曾任心理学系、教育学系教授及系主任。他曾讲授数门心理学课程，特别是为一年级新生开设的必修课"心理卫生"享有盛誉，是外籍教授中最受学生们爱戴的良师益友。

夏仁德同情中国人民抗日救亡事业，爱护燕大学生。他在 1940—1941 年担任燕京大学学生生活辅导委员会主席。这是一项义务的兼职工作，但是夏仁德教授却投注了巨大的热情。为了帮助家境困难的学生，他精心设计勤工俭学的方案，兢兢业业地工作，有时还悄悄地用自己的薪水给学生发"工资"。他自己的生活非常简朴，"面孔清癯、身材消瘦的夏仁德教授穿着一身蓝布大褂，骑着一辆旧自行车，人长车矮、在燕园里奔忙的身影留在了很多人的记忆中"。当时日军占领了北平，燕京大学成为抗日的"孤岛"，有很多学生希望转移到大后方或者投奔解放区，夏仁德教授为他们精心设计转移路线，联系沿途的校友接应，协助他们安全转移。"从1940 年冬到 1941 年夏，他们先后把 3 批学生输送到抗日最需要的地方。这些从燕大走出的学生中，不少人后来成为新中国的高级干部。"

夏仁德经常把自己的家借给爱国学生用于开展抗日集会和活动。转移到抗日根据地的同学需要提前接种白喉、伤寒等疫苗，为了躲避敌特，学生们也借用他的家用于接种疫苗。1941 年 12 月 8 日，太平洋战争爆发。林迈可教授率先得知消息，邀请夏仁德一同转移，但是他没有立即随同撤

离，因为他的家中还藏有一箱约 200 本学生留下的抗日宣传材料和书籍。为了保护学生，他亲自销毁了这批材料。接着，他就去帮助被驱逐出校园的学生搬运行李。侯馥兴写道，他的父亲侯仁之先生"亲眼看见在明晃晃的刺刀下，夏仁德教授正气喘吁吁地帮助女学生们把行李连拽带拉地搬运到校友桥头。"正在忙碌的过程中，他被日本兵逮捕，与其他外籍教师一起关押起来，几经辗转，度过了近两年艰苦的监狱生活，直至 1943 年 9 月美国与日本交换战俘，才得以回到美国与家人团聚。

1945 年春，夏仁德教授经印度，过喜马拉雅山，辗转到成都燕大任教。抗日战争胜利后，他继续支持燕大进步师生，为了保护学生不顾个人安危。1948 年，国民党特务要进入燕园搜捕爱国学生，夏仁德把黑名单上的学生藏在自己家中，到深夜亲自护送他们跳墙逃出，还细心地为他们准备了面包片用于防止沿途狗叫引发危险。1949 年 10 月 1 日，夏仁德教授参加了开国大典。1950 年，中美关系恶化，夏仁德教授黯然回国。

（四）赖朴吾：投身"工合"运动的剑桥学者

赖朴吾（Ralph Lapwood），生于 1909 年，英国著名地球物理学家、数学家。1932 年毕业于剑桥大学后来到中国，1936 年受聘于燕京大学数学系。赖朴吾放弃居住教授宿舍，而是和学生一起住在男生宿舍楼，经常拿着脸盆和毛巾到狭小的盥洗室洗脸、洗衣服，与学生合用浴室，一起在学生饭厅就餐。他生活节俭，冬天穿中式棉袍，但是帮助学生却非常慷慨，热情，因此和很多学生成了知心朋友。学生们在课下都亲切地叫他 Ralph。

1937 年抗战爆发，沿海城市先后沦陷，抗日根据地以及大后方工业品匮乏，为支持抗战，供应军需民用，当年 11 月，由胡愈之、卢广绵、林福裕、斯诺和艾黎等在上海发起组织工业合作社的运动。1939 年，应艾黎邀请，赖朴吾离开燕京大学，徒步 1500 多公里越过日伪军封锁线，到达成都。赖朴吾不辞辛劳地跑遍了大后方，为"工合"组织筹款、培训人才，"工合"组织的捐款和生产的物资为抗日根据地的发展做出巨大的贡献。1942 年，燕京大学在成都复校，赖朴吾回到数学系任教并兼任理学院代理院长直至抗战胜利。1948 年，赖朴吾回到北平的燕京大学，兼任学生生活辅导委员会主席，帮助解决学生生活困难并协助护校。1949 年 10 月 1 日，他和燕大的学生一起参加了开国大典。

1952 年，赖朴吾回到英国，在剑桥大学任教。他一直关心中国，在 1964 年和 1980 年两次回到中国讲学。1984 年，赖朴吾夫妇特意选在订婚纪念 44 周年的日子，回北京讲学并与老朋友相聚。不幸的是，一周之后，赖朴吾教授因为突发心肌梗死病逝。遵照他的遗愿，燕大校友把他的骨灰安葬在未名湖畔，并在山石上刻上了他和他的生前好友夏仁德教授的名字，以共同纪念他们。

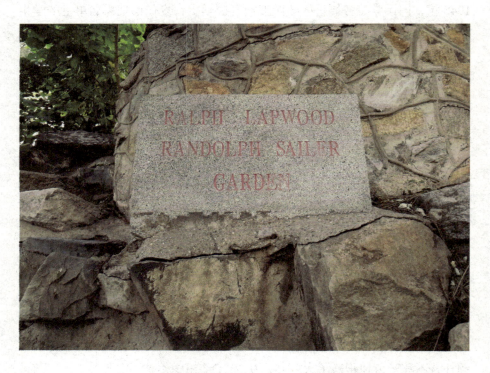

未名湖畔的赖朴吾、夏仁德墓园

参考文献

[1] 张同道 . 贝家花园往事 [M]. 北京：中央广播影视出版社，2017.

[2] 张伟，何洁 . 纪念世界反法西斯战争胜利 70 周年：贝熙业传奇 [M]. 北京：中国人民大学出版社，2015.

[3] 北京市海淀区政协，北京市政协文史和学习委员会 . 首都文史精粹海淀卷·钟灵毓秀话海淀 [M]. 北京：北京出版社，2015.

[4] 中共北京市海淀区委宣传部 . 对流：北京西山中法文化交流史迹展 [M]. 北京：对外教学与研究出版社，2014.

[5] 郑碧贤 . 铎尔孟的红楼梦 [M]. 北京：商务印书馆，2017.

[6] 郑碧贤 . 红楼梦在法兰西的命运 [M]. 北京：新星出版社，2005.

[7] 徐征，冯黛虹 . 北京西山历史文化考 [M]. 北京：开明出版社，2015.

[8] 葛夫平 . 中法关系史话 [M]. 北京：社会科学文献出版社，2011.

[9] 圣琼·佩斯 . 圣琼·佩斯诗选 [M]. 叶汝琏，译 . 胥弋，编 . 长春：吉林出版集团有限责任公司，2008.

[10] 刘晓 . 李石曾的桃花源 1918–1937 北京西山的乡村教育和建设实验 [J]. 科学文化评论，2009(3).

[11] 邓云乡 . 文化古城旧事 [M]. 北京：中华书局，2015.

[12] 陈远 . 燕京大学 (1919–1952)[M]. 杭州：浙江人民出版社，2013.

[13] 姬脉利 . 阳台集：大觉寺历史文化研究 [M]. 北京：北京燕山出版

社，2012.

[14] 张道晔，王伟．埃德加·斯诺给了世界第一双了解中国革命的眼睛 [J]．对外大传播，2005(7).

[15] 埃德加·斯诺．西行漫记 [M]．董乐山，译．北京：外语教学与研究出版社，2005.

[16] 王兰顺．留法勤工俭学运动与中法大学 [J]．北京规划建设，2014(1).

[17] 当代北京编辑部．北京历史故事 [M]．北京：当代中国出版社，2015.

[18] 王南．古都北京 [M]．北京：清华大学出版社，2012.

[19] 林语堂．辉煌的北京：中国在七个世纪里的景观 [M]．赵沛林，张钧，译．西安：陕西师范大学出版社，2003.

[20] 张威．1936：斯诺赴延安采访的台前幕后 [J]．新闻记者，2005(10).

[21] 维克多·谢阁兰．碑 [M]．车瑾山，秦海鹰，译．上海：上海人民出版社，2009.

[22] 维克多·谢阁兰．谢阁兰中国书简 [M]．邹琰，译．上海：上海书店出版社，2010.

[23] 维克多·谢阁兰．谢阁兰文集：诗画随笔 [M]．邵南，孙敏，译．上海：上海书店出版社，2010.

[24] 维克多·谢阁兰．谢阁兰文集：出征真国之旅 [M]．李金佳，译．上海：上海书店出版社，2010.

[25] 汪琳．谢阁兰书信中的真实中国 [J]．安徽文学，2014(8).

[26] 李雪梅．埃德加·斯诺的中国情结 [J]．新闻界，2013(21).

[27] 柳美娟．一位曾帮助中国抗战的英国学者：林迈可勋爵 [J]．中华魂，2016(3).

[28] 侯馥兴．仁者德者夏仁德 [N]．中华读书报，2013-06.

[29] 刘晓．李石曾与近代学术界留法派的形成 [J]．科学文化评论，

2007(3).

[30] 王永均．留法勤工俭学运动 [J]. 历史教学，1984(6).

[31] 李喜所．五四时期的留法勤工俭学生与中法文化交流 [J]. 天津师范大学学报 (社会科学版)，2003(3).

[32] 胡志刚．留法勤工俭学运动的由来和发展 [J]. 党史文苑，2006(4).

[33] 赵颖霞，郑志廷．留法俭学会的成立及其活动 [J]. 河北大学成人教育学院学报，2006(3).

[34] 鲜于浩．新民学会与留法勤工俭学运动 [J]. 求索，1993(5).

[35] 候德础．四川留法勤工俭学运动初探 [J]. 四川师范大学学报，1989(5).

[36] 鲜于浩．论留法勤工俭学运动的历史地位 [J]. 西南民族大学学报，2006(4).

[37] 裴实．留法勤工俭学运动的历史作用 [J]. 学习与研究，1982(1).

[38] 叶隽．李石曾留法教育活动的文化政治意义 [J]. 法国研究，2010(3).

[39] 葛夫平．法国政府与留法勤工俭学运动 [J]. 社会科学研究，2009(9).

[40] 许睢宁，张文大，端木美，等．历史上的中法大学 (1920–1950)[M]. 北京：华文出版社，2015.

[41] 司徒雷登．在华五十年 [M]. 李晶，译．南京：译林出版社，2015.

[42] 沈建中．司徒雷登画传 [M]. 杭州：浙江大学出版社，2013.

[43] 燕京大学文史资料编委会．燕京大学文史资料 (第九辑)[M]. 北京：北京大学出版社，1997.

[44] 冯友兰．三松堂自序 [M]. 北京：人民出版社，2008.

[45] 靳培培．燕京大学学生学业评价的特点及其启示 [J]. 教育与考试，2017(4).

[46] 张哲荪．燕京大学建校九十周年回溯 [J]. 文史资料，2009(10).

[47] 邓绍根. 中美新闻教育交流的历史友谊：密苏里新闻学院支持燕京大学新闻学系建设的过程和措施探析 [J]. 国际新闻界，2012(6).

[48] 朱清河. 斯诺职业操守的源头 [J]. 新闻与写作，2005(9).

[49] 梅兴无. 燕京大学五位外籍教师的中国抗战传奇 [J]. 党史纵览，2017(4).

后 记

  《北京西山文化情缘》这本书属于命题作文，但我们却欣然接受了这一命题。从接受任务那天起，走走停停、兜兜转转、寻寻觅觅、拖拖拉拉，着实令出版社的编辑们和学校的领导们着急上火，我们也心生歉意。然而许久以来，我们身心沉浸在西山，沉醉在西山，沉思在西山，始终不愿离去，甚至永远无法离去。

  为了开展现当代文化名人与北京西山文化的相关研究，我们先后多次探访西山。自古以来，北京西山吸引着无数名人，他们仰慕西山，钟情于西山，流连于西山，长眠于西山，许多名人雅士与西山结下不解之缘。西山是文学之山，从古代到近代，从现代到当代，许多作家诗人都曾在北京西山构思他们的创作、写下他们的诗篇，许多作品经历时间的侵蚀和岁月的洗礼，成为流传千古的文学经典。从元代的熊梦祥、张养浩到明代的孙承泽，从清代的纳兰性德、曹雪芹到现代的老舍、沈从文、周作人、林徽因，乃至当代的郭沫若、杨沫等，这些作家文人都曾在此成就了自己的文学梦想，为中国文学乃至中国文化史写下浓彩重墨的篇章。

  我出生在 20 世纪 60 年代的北京，生长在东城的报社大院，从小没少往西山这边跑，经常呼朋唤友、拉家带口一次次地踏青赏秋。即便是像我这样土生土长的北京人，几次三番探寻真迹的探访者，对京西风光的视野也大多聚焦在皇家园林和古刹寺庙这些世人皆知的名胜古迹，其他深藏着北京历史文化的地点往往却足迹罕至，而更多的故事似乎早已被人们遗忘在大山的褶皱里。

我先后多次前往贝家花园,前两次吃了闭门羹,只有第3次才得以进入。进入贝家花园已是在开始写作之后,此刻漫步在花园里,秋阳正好,暖暖地透过树梢洒在地上、肩上、廊柱上、甬路上、庭院里。虽然是第一次踏入,然而一切都已那么熟悉。

贝家花园山脚下的村庄,名叫北安河村,开车经过那里,看见路边有一家摆着秋月梨、南瓜、红薯等物品的小摊,我下车走上前打问道:"可知这村后的山上有座贝家花园?""有,听说是有一位外国大夫住在那里。""村中是否还有这位大夫诊治过的村民?""近些年没有听说这位大夫给村里谁家看过病了。"这里的村民对这座花园似乎并不好奇,虽然咫尺之遥,但却不曾到访。

贝熙业当年从城里大甜水井胡同回到贝家花园,中途常常在位于百望山半山腰的一座法国圣母修道院歇脚,山脚下还建有一座法国大教堂。被称为"九国教堂"的西山最大的教堂——百望山的圣母修道院,成为当时居住在北京的外国人前往西山游历途中重要的休憩中转之地,之所以被称为"九国教堂"是因为有多国传教士在这里服役。选择一日阳光正好的午后,我登临百望山,寻找那座修道院和教堂。

寻找圣琼·佩斯写诗的地点、隐居的道观,即创作《阿纳巴斯》的那座小庙宇颇费了一番周折。据史料记载,当年圣琼·佩斯是住在一个名叫"桃峪观"的地方创作诗歌,这首诗为他赢得了诺贝尔文学奖。我沿着山路向上行走,寻找桃峪观。正在踌躇之中,发现路口一座小院内,有一位老人正在院子里剥刚刚摘下来的青皮核桃,我上前询问"桃峪观"的地址,老人说:你算问对人了,接着他还给我讲了一些圣琼·佩斯在这座道观里居住的情况。听完老人的话,我急迫地按照老人所指的方向,继续沿着山路寻找那座道观,走到路的尽头还是没有找到,看到一座小房子,从房子后面上去。小房子是找到了,但是房子后面没有路,只好一路披荆斩棘、筚路蓝缕,踩出一条小路继续向上走,终于发现了掩映在绿树丛中的圣琼·佩斯故居，当年佩斯就是隐居在这里，潜心他的诗歌创作。正像佩斯所描述的：后面是一条小河，前面是一座正在消失的村庄。如今，这座村庄未曾消逝，只是那座写诗的道观早已消逝在历史的缝隙中。

北京中法大学附属温泉中学（现北京市第47中学），是由李石曾、贝熙业、铎尔孟为代表的中法人士在西山地区引进法国教学理念而进行教育实践的遗留成果之一。这所学校曾为赴法勤工俭学运动提供了众多的预备人才，其间涌现出许多知名校友。

在历史的长河中，有些超越国界的友谊、有些动人往事并不随着云烟散去，而是终归会被人们再度记起并铭刻在心。无论是保存完好的遗址，还是新近复建的遗址，抑或是早已废弃的遗址，每一处都带给我们莫名的感动，我走在这前人走过的道路上，深深地体味着他们曾经的过往、流淌的岁月、真挚的情感和怒放的生命，用真诚的内心和探求的双手抚摸着尘封的历史，在历史与现实间跳跃，这种感觉感人至深、发人深省又无以言说。历史需要钩沉，钩沉需要深度。我们再也不可忽视这片静默的山水，那些貌似平常的风景背后隐藏着饶有趣味的历史文化典故和令人惊诧或感慨的历史故事。对北京西山文化的探寻和发掘，刚刚开始。

本书是由三位作者合作完成，其中北京联合大学杜剑峰、北京联合大学李岩共同撰写了前言和第一章，李岩撰写了第二章，北京联合大学张春华撰写了第三章，杜剑峰撰写了后记。图片为杜剑峰、李岩、张春华、单明、李娜拍摄。本书得到2024年"文理校内——应用文理学院教学科研提升经费"（项目号：20301611647）资助。在此，对于出版社各位编辑的辛勤付出和学院领导的信任敦促表达诚挚的谢意！同时，在探访、行走西山的整个过程中，幸得先生自始至终的陪伴与支持，借此机会表达无以言说的感激！

杜剑峰

2024年初春